Bhante S. Dhammika

Was Sie schon immer über Buddhismus wissen wollten

Bhante S. Dhammika

Was Sie schon immer über Buddhismus wissen wollten

Ausgewählte Fragen und Antworten

Aus dem Englischen übersetzt von Traudel Reiß

deutsche
buddhistische
union

ClimatePartner
klimaneutral

Titel der Originalausgabe: *Good Question Good Answer*
Erschienen bei Buddha Dhamma Mandala Society, Singapore

Bibliografische Information der Deutschen Bibliothek:
Die Deutsche Bibliothek verzeichnet diese Publikation in der Deutschen Nationalbibliografie; detaillierte bibliografische Daten sind im Internet über http://dnb.ddb.de abrufbar.

2. Auflage 2013

ISBN 978-3-9804620-9-9

Übersetzung und Layout: Traudel Reiß
Umschlaggestaltung: Michael Hunschock
Umschlagfoto: Sascha Berger
Druck: Digitaldruck Leibi, Neu-Ulm

Inhaltsverzeichnis

1. Was ist Buddhismus?

Frage: Was ist Buddhismus?
Antwort: Das Wort Buddhismus kommt von *bodhi*, was so viel wie »Erwachen« bedeutet. Buddhismus kann daher als die Philosophie des Erwachens bezeichnet werden. Diese Philosophie hat ihren Ursprung in der Erfahrung eines Menschen: Siddhattha Gotama, der Buddha genannt wird, erwachte im Alter von 35 Jahren. Der Buddhismus existiert jetzt seit 2500 Jahren und hat weltweit etwa 380 Millionen Anhänger. Bis vor hundert Jahren war der Buddhismus hauptsächlich eine asiatische Philosophie, die Zahl seiner Anhänger in Europa, Australien und Amerika nimmt jedoch zu.

Frage: Ist Buddhismus also nur eine Philosophie?
Antwort: Das Wort Philosophie setzt sich aus *philos*, was »liebevoller Freund« bedeutet, und *sophia* für »Weisheit« zusammen. Demnach ist Philosophie die Liebe zur Weisheit oder Liebe und Weisheit. Beides beschreibt den Buddhismus ziemlich genau. Der Buddhismus lehrt, dass wir unsere geistigen Fähigkeiten möglichst weit entwickeln sollten, damit wir die Dinge klar verstehen können. Auch lehrt er uns die Entfaltung von Liebe und Güte, sodass wir für alle Wesen echte Freunde sein können. Buddhismus ist also nicht einfach nur eine Philosophie, sondern die höchste Form der Philosophie.

Frage: Wer war der Buddha?
Antwort: Im Jahr 563 vor Christus wurde in Nordindien ein Kind

in einer königlichen Familie geboren. Es wuchs in Wohlstand und Luxus auf, fand aber schließlich heraus, dass weltlicher Komfort und Sicherheit keine Garantie für ein glückliches Leben sind. Zutiefst berührt vom Leiden, das er überall um sich herum sah, beschloss er, den Schlüssel zum Glück des Menschen zu finden. Mit 29 Jahren verließ er seine Frau und sein Kind und zog aus, um von den großen religiösen Lehrern seiner Zeit zu lernen. Sie brachten ihm viel bei, jedoch kannte man weder die Ursache für das menschliche Leiden noch den Weg, wie es überwunden werden kann. Schließlich hatte er nach sechs Jahren des Studiums, des Ringens und der Meditation eine Erfahrung, bei der jegliche Unwissenheit von ihm abfiel und er auf einmal verstand. Von diesem Tag an wurde er der Buddha, der Erwachte, genannt. Während der 45 Jahre, die er danach noch lebte, reiste er durch ganz Nordindien und lehrte andere, was er entdeckt hatte. Sein Mitgefühl und seine Geduld waren legendär, und er hatte Tausende Anhänger. Mit über 80 Jahren wurde er krank. Er starb schließlich voller Würde und Gelassenheit.

Frage: Handelte der Buddha nicht unverantwortlich, als er seine Frau und sein Kind verließ?

Antwort: Es war für den Buddha sicher nicht einfach, seine Familie zu verlassen. Bestimmt hat er sich Sorgen gemacht und lange Zeit gezweifelt, bevor er sie endgültig verließ. Er hatte die Wahl, sein Leben entweder seiner Familie oder der Welt zu widmen. Sein tiefes Mitgefühl bewegte ihn schließlich dazu, sich der ganzen Welt zu schenken, und sie zieht aus seiner Hingabe immer noch Nutzen. Deshalb war es nicht unverantwortlich. Das ist möglicherweise das bedeutendste Opfer gewesen, das jemals gebracht wurde.

Frage: Wenn der Buddha tot ist, wie kann er uns jetzt helfen?
Antwort: Obwohl Faraday, der die Elektrizität entdeckte, tot ist, hilft uns seine Entdeckung immer noch. Louis Pasteur, der für so viele Krankheiten Heilung brachte, ist auch tot, aber seine medizinischen Entdeckungen retten immer noch Leben. Leonardo da Vinci ist tot, aber die Meisterwerke der Kunst, die er schuf, können immer noch die Herzen erheben und erfreuen. Auch wenn große Heldinnen und Helden vielleicht schon vor Jahrhunderten gestorben sind, kann uns die Lektüre ihrer Taten und Leistungen immer noch dazu inspirieren, so zu handeln wie sie. Der Buddha ist zwar vor etwa 2500 Jahren gestorben, aber seine Lehren helfen den Menschen immer noch, sein Vorbild inspiriert noch heute, und seine Worte können Leben nach wie vor verändern. Nur ein Buddha verfügt über eine solche Kraft, die noch Jahrhunderte nach seinem Tod andauert.

Frage: War der Buddha ein Gott?
Antwort: Nein, er war kein Gott. Er bezeichnete sich auch nicht als Gott oder als Kind eines Gottes, nicht einmal als Botschafter eines Gottes. Er war ein menschliches Wesen, das sich selbst vervollkommnete und lehrte, dass wir das auch tun können, wenn wir seinem Beispiel folgen.

Frage: Wenn der Buddha kein Gott ist, warum beten ihn dann die Menschen an?
Antwort: Es gibt verschiedene Arten der Verehrung. Wenn jemand einen Gott anbetet, dann lobt er ihn, opfert ihm, bittet ihn um Gnade im Glauben, dass Gott das Lob hören wird, die Opfer annimmt und die Gebete beantwortet. Buddhisten üben nicht diese Art der Anbetung aus.

Bei einer anderen Art der Verehrung zeigen wir jemandem oder etwas Respekt, den oder das wir achten. Betritt ein Lehrer einen Raum, erheben wir uns, begegnen wir einem Würdenträger, geben wir ihm die Hand, wird die Nationalhymne gespielt, salutieren wir. Das sind alles Gesten des Respekts und der Verehrung, die unsere Bewunderung für einen bestimmten Menschen oder eine Sache ausdrücken. Diese Art der Verehrung praktizieren die Buddhisten.

Eine Buddhastatue mit ihren locker im Schoß ruhenden Händen und ihrem mitfühlenden Lächeln erinnert uns daran, uns um die Entwicklung von Frieden und Liebe in uns selbst zu bemühen. Der Duft von Räucherwerk erinnert uns an den nachhaltigen Einfluss von Tugend, die Kerzen erinnern uns an das Licht der Weisheit, und der Blumenschmuck, der bald verwelkt, erinnert uns an die Vergänglichkeit. Bei der Verbeugung drücken wir dem Buddha gegenüber unsere Dankbarkeit aus für die Lehren, die er uns gegeben hat. Das bedeutet buddhistische Verehrung.

Frage: Aber ich habe auch gehört, dass Buddhisten Götzen anbeten.

Antwort: Wer das behauptet, zeigt damit nur sein eigenes Unverständnis. Im Wörterbuch ist ein Götze definiert als »Bild oder Statue, die als Gott verehrt wird«. Wie schon besprochen, glauben Buddhisten nicht, dass der Buddha ein Gott war. Warum sollten sie also irgendwie daran glauben, dass ein Stück Holz oder Metall ein Gott ist? Alle Religionen verwenden Symbole, um verschiedene Glaubensinhalte darzustellen.

Im Taoismus wird das Yin-Yang-Zeichen verwendet, um die Harmonie zwischen Gegensätzen zu symbolisieren. Bei den Sikhs dient das Schwert als Symbol spirituellen Kampfes. Im Christentum wird die Gegenwart von Christus durch einen Fisch, sein Opfertod durch ein Kreuz symbolisiert. Im Buddhismus erinnert uns die Buddhastatue an die menschliche Dimension der Buddhalehre, an die Tatsache, dass der Buddhismus statt auf einen Gott auf einen Menschen ausgerichtet ist, dass wir statt nach außen nach innen schauen müssen, um Vollkommenheit und Einsicht zu erreichen. Zu behaupten, dass Buddhisten Götzen anbeten, ist daher genauso unsinnig wie zu sagen, dass Christen Fische oder geometrische Formen verehren.

Frage: Was machen Menschen da für seltsame Dinge in den buddhistischen Tempeln?

Antwort: Viele Dinge erscheinen uns seltsam, wenn wir sie nicht verstehen. Wir sollten ihre Bedeutung zu verstehen suchen, anstatt diese Dinge als fremd abzulehnen. Jedoch stimmt es, dass manche von Buddhisten praktizierten Dinge ihren Ursprung in der Volksfrömmigkeit haben und eher auf Missverständnisse als auf die Buddhalehre zurückgehen. Derartige Missverständnisse gibt es nicht nur im Buddhismus, sondern sie schleichen sich von Zeit zu Zeit in alle Religionen ein. Der Buddha lehrte klar und genau; und wenn Menschen ihn nicht ganz verstehen, kann man nicht ihn dafür verantwortlich machen. Ein Ausspruch aus den buddhistischen Schriften lautet:

> *»Wenn ein körperlich kranker Mensch, selbst wenn ein Arzt für ihn bereit steht, nicht behandelt werden möchte, so ist es nicht der Fehler des Arztes. Ebenso ist es nicht der Fehler des Buddha, wenn ein von geistigen Befleckungen befallener Mensch nicht seine Hilfe sucht.«*
>
> Jatakaniddanakatha, 28-9

Weder Buddhismus noch irgendeine andere Religion sollte von anderen beurteilt werden, die sie selbst nicht richtig praktizieren. Wenn man die tatsächliche Buddhalehre kennen lernen will, sollte man entweder selbst die Worte des Buddha lesen oder mit jemandem sprechen, der sie richtig versteht.

Frage: Gibt es etwas Ähnliches wie Weihnachten im Buddhismus?
Antwort: Nach der Überlieferung wurde Prinz Siddhattha am Vollmondtag des Vesakh, dem zweiten Monat des indischen Jahres, der im westlichen Kalender bei April-Mai liegt, geboren. An einem Vollmondtag des zweiten Monats wurde er zum Buddha und starb auch san einem solchen Tag. Diesen Tag feiern die Buddhisten aller Länder, indem sie Tempel besuchen, an verschiedenen Zeremonien teilnehmen oder intensiv meditieren.

Frage: Warum sind manche buddhistische Länder arm, wenn der Buddhismus doch so gut ist?
Antwort: Wenn man bei »arm« nur an ökonomische Armut denkt, dann stimmt es, dass einige buddhistische Länder arm sind. Meint man mit »arm« jedoch schlechte Lebensqualität, sind so manche buddhistische Länder ziemlich reich. Die USA zum Beispiel sind ein ökonomisch reiches und mächtiges Land, aber die Kriminalitätsrate ist eine der höchsten der Welt; Millionen älterer Menschen werden von ihren Kindern vernachlässigt und sterben einsam in Altersheimen; Gewalt in der Familie, Kindesmissbrauch und Drogensucht gehören zu den größten Problemen, und ein Drittel der Ehen wird geschieden. Es gibt viel Reichtum in Hinblick auf Geld, was aber die Lebensqualität betrifft, wahrscheinlich viel Armut. In einigen traditionellen buddhistischen Ländern findet man ganz an-

dere Situationen vor. Eltern werden von ihren Kindern geehrt und respektiert, die Kriminalitätsrate ist relativ niedrig, Scheidungen und Selbstmorde kommen selten vor, und traditionelle Werte wie Höflichkeit, Großzügigkeit, Gastfreundschaft gegenüber Fremden, Toleranz und Respekt vor anderen sind immer noch weit verbreitet. Der ökonomische Rückstand wird von einer Lebensqualität ausgeglichen, die möglicherweise höher ist als in Nordamerika. Selbst wenn man buddhistische Länder nur nach ökonomischen Gesichtspunkten beurteilt, so kann man immerhin feststellen, dass Japan, wo sich ein hoher Prozentsatz der Bevölkerung als buddhistisch bezeichnet, heute eins der reichsten und wirtschaftlich dynamischsten Länder der Welt ist.

Frage: Warum hört man so selten davon, dass Buddhisten karitativ tätig sind?

Antwort: Vielleicht deshalb, weil Buddhisten nicht so sehr das Bedürfnis haben, sich mit ihrer Wohltätigkeit zu brüsten. Vor einigen Jahren erhielt der japanische Buddhist Nikkyo Nirwano den Templeton-Preis für seine Arbeit für Inter-religiöse Verständigung. Ebenso wurde ein thailändischer buddhistischer Mönch kürzlich mit dem angesehenen Magsaysay-Preis für sein herausragendes Hilfswerk für Drogensüchtige geehrt. Im Jahr 1987 wurde ein anderer thailändischer Mönch, der ehrwürdige Kantayapiwat, mit dem norwegischen Kinderfriedenspreis für seine viele Jahre hindurch geleistete Hilfe für obdachlose Kinder in ländlichen Gegenden ausgezeichnet. Nicht zu vergessen ist auch das großartige, sehr umfassende soziale Werk der Freunde des Westlichen Buddhistischen Ordens für die Armen Indiens. Sie haben Schulen gebaut, Kinderbetreuungsstellen, Apotheken und Kleinbetriebe für Selbstversorgung. Wie die Angehörigen anderer Religionsgemeinschaften sehen auch Buddhisten die Hilfe für andere als selbstverständlichen Ausdruck ihrer religiösen Praxis an, finden jedoch, dass dies in Stille und ohne Selbstdarstellung gemacht werden sollte.

Frage: Warum gibt es so viele verschiedene Arten von Buddhismus?

Antwort: Es gibt viele Zuckersorten – braunen Zucker, weißen Zucker, Kandiszucker, Sirup und Puderzucker, aber alles ist Zucker und schmeckt immer süß. Sie werden auf verschiedene Arten hergestellt und können unterschiedlich verwendet werden. Mit dem Buddhismus ist es ähnlich: Es gibt Theravada-, Zen-, Reines Land-, Yogacara- und Vajrayana-Buddhismus, doch bei allen handelt es sich um die Buddhalehre und alle haben denselben Geschmack: den Geschmack der Freiheit. Buddhismus hat im Laufe seiner Entwicklung verschiedene Formen angenommen, um die unterschiedlichen Kulturen, in denen er existiert, ansprechen zu können. Er ist über die Jahrhunderte hinweg immer wieder neu interpretiert worden und konnte daher für jede neue Generation relevant bleiben. Äußerlich scheinen die verschiedenen Ausprägungen des Buddhismus sehr unterschiedlich zu sein, aber den Kern von allen bilden die Vier Edlen Wahrheiten und der Edle Achtfache Pfad. Alle größeren Religionen einschließlich des Buddhismus haben sich in verschiedene Schulen und Sekten aufgespaltet. Im Unterschied zu einigen anderen Religionen haben sich die einzelnen Schulen des Buddhismus immer sehr tolerant und freundlich zueinander verhalten.

Frage: Sie haben sicher eine sehr hohe Meinung vom Buddhismus. Ich vermute, Sie glauben, dass er die einzig wahre Religion sei und alle anderen falsch liegen.

Antwort: Nein. Kein Buddhist, der die Buddhalehre versteht, denkt, dass andere Religionen falsch sind. Auch sonst würde niemand so denken, wenn er sich aufrichtig darum bemüht hat, andere Religionen mit einem offenen und vorurteilsfreien Geist kennen zu lernen. Wenn man sich mit den unterschiedlichen Religionen intensiv beschäftigt, bemerkt man als Erstes, wie viel sie miteinander gemeinsam haben. Alle Religionen stellen fest, dass der gegenwärtige Zustand der Menschheit unbefriedigend ist. Alle glauben, dass Einstellung und Verhalten verändert werden müssen, wenn sich die Lage der Menschen verbessern soll. Alle lehren eine Ethik, die Liebe, Freundlichkeit, Geduld, Großzügigkeit und soziale Verantwortung umfasst, und alle akzeptieren die Existenz von etwas Absolutem. Um diese Dinge zu beschreiben, benutzen sie verschiedene Sprachen, verschiedene Namen und verschiedene Symbole. Dabei kommt es aber immer nur dann zu Intoleranz, Stolz und Selbstgerechtigkeit, wenn sich Menschen engstirnig an ihre besondere Sichtweise klammern.

Stellen wir uns einen Engländer, einen Franzosen, einen Chinesen und einen Indonesier vor, die eine Tasse vor sich haben. Der Engländer sagt: »Das ist ein *cup.*« Der Franzose widerspricht: »Nein, es ist eine *tasse.*« Darauf erwidert der Chinese: »Ihr habt beide unrecht. Es ist ein *pei.*« Schließlich lacht der Indonesier die anderen aus und sagt: »Ihr Dummköpfe! Das ist doch ein *cawan.*« Da holt der Engländer sein Wörterbuch heraus, zeigt es den anderen und sagt: »Ich kann beweisen, dass es ein *cup* ist. In meinem Wörterbuch steht es so.« »Dann ist in deinem Wörterbuch ein Fehler«, erwidert der Franzose, »denn in meinem Wörterbuch steht ganz klar *tasse.*« Der Chinese spottet: »Nach meinem Wörterbuch heißt es *pei*, und mein Wörterbuch ist ein paar tausend Jahre älter als eure Worte. Deshalb muss es stimmen. Und außerdem sprechen mehr Menschen chinesisch als eine andere Sprache, also muss es ein *pei* sein.« Während sie sich so herumstreiten und diskutieren, ist noch ein Mann dazugekommen. Er trinkt aus der Tasse und erklärt den anderen: »Ob ihr das *cup*, *tasse*, *pei* oder *cawan* nennt, der Zweck der Tasse besteht darin, dass man aus ihr eine Flüssigkeit trinken kann. Hört auf zu streiten und trinkt, beendet den Streit und löscht euren Durst.« Das ist die buddhistische Haltung zu anderen Religionen.

Frage: Manche Menschen behaupten, dass alle Religionen wirklich dasselbe seien. Stimmen Sie dem zu?
Antwort: Die Religionen sind viel zu komplex und vielfältig, als dass man sie auf diese nette kleine Behauptung reduzieren könnte. Ein Buddhist sagt vielleicht, dass diese Behauptung sowohl wahre als auch falsche Elemente enthalte. Buddhismus lehrt, dass es keinen Gott gibt, während er zum Beispiel im Christentum existiert. Buddhismus sagt, dass jeder, der seinen Geist reinigt, erleuchtet werden könne, während das Christentum darauf besteht, dass nur diejenigen, die an Jesus glauben, gerettet werden können. Ich denke, dass das bedeutende Unterschiede sind. Wie dem auch sei, eine der schönsten Passagen in der Bibel lautet:

> *»Wenn ich in den Sprachen der Menschen und Engel redete, hätte aber der Liebe nicht, wäre ich dröhnendes Erz oder lärmende Pauke. Und wenn ich prophetisch reden könnte und alle Geheimnisse wüsste und alle Erkenntnisse hätte; und wenn ich alle Glaubenskraft besäße und Berge damit versetzen könnte, hätte aber der Liebe nicht, wäre ich nichts. Und wenn ich meine ganze Habe verschenkte, und wenn ich meinen Leib dem Feuer übergäbe, hätte aber die Liebe nicht,*

nützte es mir nichts. Die Liebe ist langmütig, die Liebe ist gütig. Sie ereifert sich nicht, sie prahlt nicht, sie bläht sich nicht auf. Sie handelt nicht ungehört, sucht nicht ihren Vorteil, lässt sich nicht zum Zorn reizen, trägt das Böse nicht nach. Sie freut sich nicht über das Unrecht, sondern freut sich an der Wahrheit. Sie erträgt alles, glaubt alles, hofft alles, hält allem stand.«

1 Korinther 13, 1-7

Genau das lehrt auch der Buddhismus – dass die Qualität unseres Herzens wichtiger ist als alle übernatürlichen Kräfte, über die wir verfügen mögen, etwa die Fähigkeit, die Zukunft vorauszusagen, die Kraft unseres Glaubens oder jegliche außergewöhnliche Handlung, die wir vollbringen. Bei den theologischen Konzepten und Theorien unterscheiden sich gewiss der Buddhismus und das Christentum. Aber in Bezug auf die Qualitäten des Herzens, die Ethik und das Verhalten sind sie einander sehr ähnlich.

Frage: Ist Buddhismus wissenschaftlich?
Antwort: Bevor wir diese Frage beantworten, sollte am besten das Wort »Wissenschaft« definiert werden. Das Wörterbuch definiert Wissenschaft als: »Wissen, das systematisierbar ist, vom Erkennen und Testen von Fakten abhängt und daraus allgemeine Naturgesetze ableitet, ein Zweig eines solchen Wissens, alles, was exaktes Studium zulässt.« Es gibt Aspekte des Buddhismus, bei denen diese Definition nicht zutrifft; die zentralen Lehren des Buddhismus, die Vier Edlen Wahrheiten, stimmen jedoch mit ihr überein. Das Leiden, die erste Edle Wahrheit, ist eine Erfahrung, die definiert, erlebt und ermessen werden kann. Die zweite Edle Wahrheit stellt fest, dass Leiden eine natürliche Ursache hat, nämlich das Begeh-

ren, das man ebenfalls definieren, erleben und ermessen kann. Es wird nicht der Versuch gemacht, Leiden mit Begriffen metaphysischer Konzepte oder des Mythos zu erklären. Gemäß der dritten Edlen Wahrheit endet das Leiden nicht, indem man sich auf ein höchstes Wesen verlässt, nicht durch Glauben oder Gebete, sondern indem man einfach seine Ursache beseitigt. Das ist nicht anzuzweifeln. Auch die vierte Edle Wahrheit, der Weg, der zum Ende des Leidens führt, hat nichts mit Metaphysik zu tun, sondern hängt von bestimmten Verhaltensweisen ab. Und noch einmal: Auch das Verhalten kann getestet werden. Der Buddhismus kommt ohne das Konzept eines höchsten Wesens aus – ebenso wie die Wissenschaft – und erklärt den Ursprung und das Funktionieren des Universums in Begriffen der Naturgesetze. Das sind alles Merkmale einer wissenschaftlichen Denkweise. Eindeutig im Einklang mit Wissenschaftlichkeit steht außerdem die ständige Ermahnung des Buddha, statt blind zu glauben, lieber zu hinterfragen, zu untersuchen, nachzuforschen und sich auf die eigene Erfahrung zu beziehen. In der berühmten Lehrrede an die Kalamer (Kalama Sutta) sagt der Buddha:

> *»Geht nicht nach einer Offenbarung oder nach der Tradition, geht nicht nach Gerüchten oder den heiligen Schriften, geht nicht nach Hörensagen oder nach reiner Logik, geht nicht nach dem Vorurteil einer Vorstellung oder nach der scheinbaren Fähigkeit eines anderen Menschen und geht nicht nach der Idee: ›Er ist unser Lehrer.‹ Aber wenn ihr für euch selbst erkennt, dass etwas heilsam und untadelig ist, dass es von den Weisen gepriesen wird und dass es zu Glück führt, wenn man es praktiziert und beobachtet, dann befolgt dieses.«*
>
> Anguttara Nikaya, III, 66

Man kann daher sagen, dass Buddhismus, obwohl er nicht vorbehaltlos als Wissenschaft bezeichnet werden kann, zweifellos stark wissenschaftlich geprägt ist und mit Sicherheit wissenschaftlicher ist als jede andere Religion. Es ist beachtlich, was Albert Einstein, der wohl bedeutendste Naturwissenschaftler des 20. Jahrhunderts, vom Buddhismus gesagt hat:

> *»Die Religion der Zukunft wird eine kosmische Religion sein. Sie sollte einen persönlichen Gott transzendieren, Dogmen und theologische Spekulationen vermeiden. Indem sie sowohl das Natürliche als auch das Spirituelle umfasst, sollte sie auf einem religiösen Gefühl aufbauen, das einer Erfahrung aller Dinge, der natürlichen wie der spirituellen, als einer wesentlichen Einheit entspringt. Der Buddhismus passt auf diese Beschreibung. Gäbe es eine Religion, die mit den modernen wissenschaftlichen Erfordernissen zurechtkäme, so wäre es der Buddhismus.«*

Frage: Ich habe schon mehrmals gehört, dass die Buddhalehre der »Mittlere Weg« genannt wird. Was bedeutet dieser Begriff?
Antwort: Seinem Edlen Achtfachen Pfad gab der Buddha alternativ auch den Namen *majjhima patipada*, was der »Mittlere Weg« bedeutet. Das ist ein sehr wichtiger Begriff, der klar macht, dass es nicht genügt, einfach nur dem Pfad zu folgen, sondern dies in einer bestimmten Weise zu tun. Die Menschen können nämlich beim Befolgen religiöser Regeln und Praktiken ziemlich rigide werden und als regelrechte Fanatiker enden.

Im Buddhismus sollten die Regeln und die Praxis auf ausgeglichene und vernünftige Weise befolgt und ausgeübt werden, was Extremismus und Exzesse vermeidet. Die alten Römer sprachen gewöhnlich von »Mäßigung in allen Dingen«, und der Buddhismus stimmt damit völlig überein.

Frage: Ich habe gelesen, der Buddhismus sei nur eine Art des Hinduismus. Stimmt das?

Antwort: Nein, das stimmt nicht. Buddhismus und Hinduismus haben viele ethische Vorstellungen gemeinsam, sie verwenden teilweise dieselbe Terminologie, etwa die Worte *Karma*, *Samadhi* und *Nirvana*, und sie stammen beide aus Indien. Das hat dazu geführt, dass manche Menschen denken, sie seien dasselbe oder zumindest sehr ähnlich. Schaut man aber hinter die oberflächlichen Ähnlichkeiten, sieht man, dass sich die beiden Religionen deutlich unterscheiden. Hindus glauben zum Beispiel an einen höchsten Gott, Buddhisten nicht. Ein zentrales Element der hinduistischen Sozialphilosophie ist das Kastenwesen, das der Buddhismus entschieden ablehnt. Die rituelle Reinigung, eine wichtige Praxis im Hinduismus, hat im Buddhismus keinen Platz. In den buddhistischen Schriften tritt der Buddha oft als Kritiker dessen auf, was die Brahmanen, die hinduistischen Priester, lehrten. Sie wiederum standen einigen seiner Ideen kritisch gegenüber. Das wäre nicht der Fall, wenn Buddhismus und Hinduismus dasselbe wären.

Frage: Aber der Buddha hat doch die Idee von Karma aus dem Hinduismus nachgeahmt, oder nicht?

Antwort: Der Hinduismus hat sehr wohl eine Doktrin von Karma und auch von Reinkarnation. Jedoch unterscheiden sich beide stark von der buddhistischen Version. Zum Beispiel behauptet der Hinduismus, dass wir von unserem Karma bestimmt werden, der Buddhismus dagegen sagt, dass unser Karma uns nur bedingt. Nach dem Hinduismus wandert eine ewige Seele oder Atman von einem Leben zum nächsten, während der Buddhismus eine solche Seele leugnet, indem er sagt, dass ein sich konstant verändernder Strom geistiger Energie wiedergeboren wird. Das sind nur einige der vielen Unterschiede zwischen den beiden Religionen, die Lehren über Karma und Wiedergeburt. Wie auch immer, selbst wenn die hinduistischen und buddhistischen Lehren identisch wären, würde das nicht unbedingt bedeuten, dass der Buddha die Ideen von anderen unbedacht übernahm.

Manchmal kommt es vor, dass zwei Menschen völlig unabhängig voneinander die gleiche Entdeckung machen. Ein gutes Beispiel dafür ist die Entdeckung der Evolution. Im Jahr 1858, kurz bevor Charles Darwin sein berühmtes Buch über den Ursprung der Arten veröffentlichte, fand er heraus, dass einem anderen Menschen, Alfred Russell Wallace, die Idee der Evolution ebenso eingefallen war wie ihm. Darwin und Wallace hatten die Ideen nicht voneinander kopiert; es war eher das Studium gleichartiger Phänomene, das sie zur gleichen Schlussfolgerung gebracht hatte.

Selbst wenn also die hinduistischen und die buddhistischen Vorstellungen über Karma und Wiedergeburt identisch wären, was sie ja tatsächlich nicht sind, wäre das nicht zwangsläufig der Beweis für eine Nachahmung. In Wahrheit bildeten sich hinduistische Weise durch Einsichten, die sie in ihrer Meditation gewonnen hatten, gewisse Vorstellungen über Karma und Wiedergeburt, die der Buddha später detaillierter und ausführlicher darlegte.

2. Grundlegende buddhistische Lehren

Frage: Welche sind die wichtigsten Lehren des Buddha?
Antwort: Wie die Felge und die Speichen eines Rades zu seiner Nabe verhalten sich die vielen Lehren des Buddha zu einem Zentrum, den Vier Edlen Wahrheiten. Sie werden »Vier« genannt, weil es vier davon gibt; sie werden »Edel« genannt, weil sie jemanden, der sie versteht, veredeln; man nennt sie »Wahrheiten«, weil sie der Wirklichkeit entsprechen und daher wahr sind.

Frage: Worin besteht die erste Edle Wahrheit?
Antwort: Die erste Edle Wahrheit besagt, dass Leben Leiden ist. Leben heißt Leiden. Es ist unmöglich, ohne die Erfahrung irgendeiner Art von Schmerz oder Sorge zu leben. Wir müssen physisches Leiden wie Krankheit, Verletzungen, Müdigkeit, Altern und schließlich den Tod ertragen. Und wir müssen psychisches Leiden wie Einsamkeit, Frustration, Angst, Verlegenheit, Enttäuschung, Ärger und vieles mehr erdulden.

Frage: Ist das nicht etwas zu pessimistisch?
Antwort: Ein Wörterbuch definiert pessimistisch als »Angewohnheit des Denkens, dass alles, was geschieht, schlecht sein wird«, oder »die Überzeugung, dass das Schlechte einflussreicher als das Gute ist«. Der Buddhismus lehrt keine dieser Ideen. Auch leugnet er nicht, dass Glück existiert. Er stellt einfach nur fest, dass mit dem Leben die Erfahrung von physischem und psychischem

Leiden verbunden ist. Diese Aussage ist so wahr und offensichtlich, dass sie nicht abgestritten werden kann. Buddhismus setzt bei einer Erfahrung an, einer unwiderlegbaren Tatsache, die alle kennen, die alle erfahren und der alle aus dem Weg gehen wollen. Daher beginnt der Buddhismus beim wichtigsten Anliegen eines jeden individuellen menschlichen Wesens – beim Leiden und wie man es vermeidet.

Frage: Worin besteht die zweite Edle Wahrheit?
Antwort: Die zweite Edle Wahrheit besagt, dass Begehren die Ursache für alles Leiden ist. Bei psychischem Leiden ist es einfach zu sehen, wie es aus Begehren entsteht. Wollen wir etwas, sind aber unfähig, es zu bekommen, fühlen wir uns enttäuscht oder frustriert. Wenn wir von anderen erhoffen, dass sie unsere Erwartungen erfüllen, sie das aber nicht machen, fühlen wir uns im Stich gelassen und ärgerlich. Wenn uns andere mögen sollen und sie es nicht tun, fühlen wir uns verletzt. Selbst dann, wenn wir etwas, was wir wollen, auch erhalten, bringt uns das oft kein Glück, denn schon nach kurzer Zeit fühlen wir uns mit dem Erreichten gelangweilt, verlieren das Interesse daran und beginnen, etwas anderes zu wünschen. Einfach ausgedrückt, der zweiten Edlen Wahrheit zufolge garantiert das Erreichen eines Ziels kein Glück. Statt beständig um etwas zu kämpfen, was man haben möchte, kann man versuchen, sein Begehren zu verändern. Das Begehren beraubt uns der Möglichkeit, zufrieden und glücklich zu sein.

Frage: Wie aber führen Wünschen und Begehren zu körperlichem Leiden?
Antwort: Ein lebenslanges Wünschen und Begehren nach diesem und jenem, besonders aber das Verlangen nach einer dauerhaften

Existenz erzeugen einen mächtigen Energiestrom, der zur Wiedergeburt des Einzelnen führt. Wenn man wiedergeboren wird, hat man einen Körper; wie bereits erwähnt, ist der Körper anfällig für Krankheit und Verletzungen. Er kann durch die Arbeit erschöpft werden; er altert und stirbt schließlich. Verlangen führt also deshalb zu körperlichem Leiden, denn es ist die Ursache für unsere Wiedergeburt.

Frage: Das ist alles gut und schön. Wenn wir aber alle zusammen nichts mehr wollten, würden wir niemals etwas erreichen.
Antwort: Das stimmt. Aber der Buddha hat gesagt, dass, wenn unsere Begierde, unser Verlangen, unsere ständige Unzufriedenheit mit dem, was wir haben, und unsere ständige Sehnsucht nach immer mehr uns tatsächlich leiden lässt, dann sollten wir damit aufhören. Er forderte uns auf, zwischen dem, was wir benötigen, und dem, was wir uns wünschen, zu unterscheiden, uns um unsere Bedürfnisse zu bemühen und unsere Wünsche zu mäßigen. Er lehrte, dass unsere Bedürfnisse erfüllt werden können, unsere Wünsche aber endlos sind, wie ein Fass ohne Boden. Es gibt Bedürfnisse, die lebenswichtig und grundlegend sind und die befriedigt werden können, wenn wir dafür arbeiten. Wünsche, die darüber hinausgehen, sollten allmählich reduziert werden. Worin besteht letztlich der Zweck des Lebens? Möglichst viel zu bekommen oder zufrieden und glücklich zu sein?

Frage: Sie haben von Wiedergeburt gesprochen, aber gibt es irgendeinen Beweis dafür?
Antwort: Es gibt hinreichend Beweise für ihre Existenz, aber das werden wir an späterer Stelle detaillierter betrachten.

Frage: Worin besteht die dritte Edle Wahrheit?
Antwort: Die dritte Edle Wahrheit besagt, dass Leiden überwunden und Glück erlangt werden kann. Das ist vielleicht deshalb die wichtigste der Vier Edlen Wahrheiten, weil uns der Buddha darin versichert, dass echtes Glück und Zufriedenheit möglich sind. Wenn wir sinnloses Begehren aufgeben und lernen, einen Tag nach dem anderen zu leben, uns über die Erfahrungen, die uns das Leben bietet, ohne rastloses Wollen zu freuen, die Probleme, die das Leben mit sich bringt, ohne Angst, Hass und Ärger geduldig zu ertragen, dann werden wir glücklich und frei. Dann, und nur dann, können wir voll und ganz leben. Weil wir nicht mehr davon besessen sind, unsere egoistischen Wünsche zu befriedigen, werden wir viel mehr Zeit haben, um anderen zu helfen und ihre Bedürfnisse zu erfüllen. Diesen Zustand nennt man Nirvana.

Frage: Was oder wo ist Nirvana?
Antwort: Es ist eine Dimension jenseits von Zeit und Raum und folglich ist es schwierig, darüber zu sprechen oder sogar nur daran zu denken, weil Worte und Gedanken sich nur für Beschreibungen innerhalb der Raum-Zeit-Dimension eignen. Aber weil Nirvana jenseits von Zeit ist, gibt es da weder Bewegung noch Reibung, weder Altern noch Tod. Folglich ist Nirvana ewig. Weil es jenseits von Raum ist, gibt es da keine Kausalität, keine Grenzen, kein Konzept von einem Selbst oder Nicht-Selbst, weshalb Nirvana auch unendlich ist. Der Buddha hat uns auch versichert, dass Nirvana eine Erfahrung großen Glücks ist. Er sagte:

> *»Nirvana ist das höchste Glück.«*
>
> Dhammapada, Vers 204

Frage: Gibt es denn einen Beweis für die Existenz einer solchen Dimension?

Antwort: Nein, das gibt es nicht. Aber ihre Existenz kann gefolgert werden. Wenn es eine Dimension gibt, in der Zeit und Raum wirken – und eine solche Dimension gibt es als die Welt unserer Erfahrungen –, dann können wir daraus schließen, dass es eine Dimension gibt, in der Zeit und Raum nicht wirksam sind – Nirvana. Obwohl wir die Existenz von Nirvana nicht beweisen können, so haben wir doch die Worte des Buddha, die dies tun. Er sagte:

> *»Es gibt ein Ungeborenes, ein Ungewordenes, ein Ungeschaffenes, ein Ungestaltetes. Gäbe es dieses Ungeborene, dieses Ungewordene, dieses Ungeschaffene, dieses Ungestaltete nicht, dann gäbe es kein Entrinnen von Geburt, Werden, Schaffen und Gestalten. Aber weil es dieses Ungeborene, Ungewordene, Ungeschaffene, Ungestaltete gibt, gibt es ein Entrinnen von Geburt, Werden, Schaffen und Gestalten.«*
>
> Udana, 80

Wir werden es wissen, wenn wir es erlangen. Bis dahin können wir immer noch die Aspekte der Buddhalehre, die wir überprüfen können, üben.

Frage: Worin besteht die vierte Edle Wahrheit?

Antwort: Die vierte Edle Wahrheit ist der Pfad, der zur Überwindung des Leidens führt. Diesen Pfad nennt man den Edlen Achtfachen Pfad. Er besteht aus rechter Erkenntnis, rechter Gesinnung, rechter Rede, rechter Handlung, rechtem Lebenserwerb, rechter Anstrengung, rechter Achtsamkeit und rechter Sammlung. Die buddhistische Praxis besteht in der Übung dieser acht, bis sie vollkommen vollendet sind. Man kann sehen, dass die Schritte des Edlen Achtfachen Pfades jeden Aspekt des Lebens abdecken: den intellektuellen, ethischen, sozialen, wirtschaftlichen sowie den psychologischen Aspekt und daher alles enthält, was ein Mensch benötigt, um ein gutes Leben zu führen und sich spirituell zu entwickeln.

3. Buddhismus und der Gottesbegriff

Frage: Glaubt ihr Buddhisten an einen Gott?

Antwort: Nein, das tun wir nicht. Dafür gibt es mehrere Gründe. Genau wie moderne Soziologen und Psychologen erkannte der Buddha, dass viele religiöse Ideen, besonders aber die Gottesidee Sorgen und Angst entspringen. Der Buddha sagte:

> *»Ergriffen von Angst sucht der Mensch Zuflucht in heiligen Bergen, heiligen Hainen, heiligen Bäumen und Grabstätten.«*
>
> Dhammapada, Vers 188

Die frühen Menschen lebten in einer gefährlichen und feindseligen Welt. Die Angst vor wilden Tieren, davor, nicht genügend Nahrung zu finden, vor Verletzung, Krankheit und vor Naturkräften wie Donner, Blitz und Vulkanausbrüchen war ihr ständiger Begleiter. Da sie keinen Schutz davor fanden, entwickelten sie die Vorstellung von Göttern, die ihnen in guten Zeiten Annehmlichkeiten verschaffen sollten, Mut in Zeiten der Gefahr und Trost, wenn die Dinge falsch liefen. Bis zum heutigen Tag kann man sehen, dass Menschen in Krisenzeiten oft religiöser werden. Dann hört man von ihnen, dass der Glaube an ihren Gott oder ihre Götter ihnen die notwendige Kraft gibt, mit dem Leben zurecht zu kommen. Oft erklären sie, dass sie an einen bestimmten Gott glauben, weil ihre Gebete in einer Zeit der Not erhört wurden. All das scheint die

Lehre des Buddha zu untermauern, nach der die Gottesidee eine Reaktion auf Angst und Frustration ist. Der Buddha lehrte uns, zu versuchen, unsere Ängste zu verstehen, unsere Begierden zu verringern und gelassen und mutig die Dinge anzunehmen, die wir nicht ändern können. Er ersetzte Angst durch rationales Verständnis statt durch irrationalen Glauben.

Der zweite Grund, warum der Buddha nicht an einen Gott glaubte, ist, dass sich diese Idee auf keine offenkundigen Beweise zu stützen scheint. Es gibt zahlreiche Religionsgemeinschaften, die alle für sich beanspruchen, als einzige das Wort Gottes in ihren heiligen Büchern aufzubewahren, dass sie als einzige die Natur Gottes verstehen, dass ihr Gott existiert und der von anderen nicht. Manche behaupten sogar, Gott sei männlich, andere, sie sei weiblich, und weitere, Gott sei neutral. Sie sind alle davon überzeugt, dass es für die Existenz des Gottes, den sie verehren, ausreichende und umfassende Beweise gibt, aber sie äußern sich abschätzig über die Aussagen anderer Religionen, mit denen diese die Existenz ihrer Götter beweisen wollen. Es ist schon erstaunlich, dass trotz zahlreicher Religionen, die sich mit viel Einfallsreichtum durch so viele Jahrhunderte hindurch am Gottesbeweis versucht haben, es noch immer keine wirklich konkreten, substanziellen oder unwiderlegbaren Anhaltspunkte für die Existenz eines solchen Wesens gibt. Sie stimmen noch nicht einmal untereinander darin überein, wem oder was dieser Gott, den sie anbeten, ähnelt. Die Buddhisten schieben ihr Urteil auf, bis der Beweis erbracht ist.

Der dritte Grund für den Buddha, nicht an einen Gott zu glauben, besteht darin, dass er einen solchen Glauben nicht für notwendig hielt. Manche behaupten, der Glaube an einen Gott sei notwendig, um den Ursprung des Universums zu erklären. Aber die Naturwissenschaft hat sehr überzeugend dargelegt, wie das

Universum entstanden ist, ohne sich dabei auf einen Gottesbegriff zu stützen. Andere wiederum argumentieren, dass der Glaube an Gott für ein glückliches und sinnvolles Leben notwendig sei. Auch hier kann man sagen, dass das nicht stimmt. Es gibt Millionen von Atheisten und Freidenkern, viele Buddhisten nicht mitgerechnet, die ein nützliches, glückliches und sinnvolles Leben führen, ohne an einen Gott zu glauben. Manche behaupten auch, dass der Glaube an die Macht Gottes notwendig sei, weil die Menschen schwach sind und deshalb nicht die Kraft haben, sich selbst zu helfen. In diesem Fall hat sich das Gegenteil als wahr erwiesen. Man hört immer wieder von Menschen, die mithilfe ihrer eigenen inneren Ressourcen, mit ihren eigenen Anstrengungen und ohne Glauben an einen Gott große Behinderungen und enorme Schwierigkeiten überwunden haben.

Manche erinnern daran, dass Erlösung nur durch Gott möglich sei. Aber dieses Argument gilt nur, wenn man das theologische Konzept der Erlösung akzeptiert. Buddhisten akzeptieren dieses Konzept nicht. Aufgrund seiner eigenen Erfahrung sah der Buddha, dass jedes menschliche Wesen die Fähigkeit hat, seinen Geist zu läutern, grenzenlose Liebe, Mitgefühl und vollkommene Einsicht zu entwickeln. Er verlagerte seine Aufmerksamkeit vom Himmel zum Herzen und ermutigte uns, die Lösungen unserer Probleme durch Selbsterkenntnis zu finden.

Frage: Wenn es aber keine Götter gibt, wie ist dann das Universum entstanden?

Antwort: Alle Religionen versuchen, diese Frage mit Mythen und Geschichten zu beantworten. In alten Zeiten waren diese Mythen angemessen, aber im 21. Jahrhundert, im Zeitalter der Physik, Astronomie und Geologie, sind solche Mythen von wissenschaftlichen Tatsachen überholt. Die Wissenschaft hat den Ursprung des Universums ohne Rückgriff auf die Gottesidee erklärt.

Frage: Was sagt der Buddha über den Ursprung des Universums?
Antwort: Es ist interessant, dass die Erklärung des Buddha zur Entstehung des Universums sehr eng der naturwissenschaftlichen Sicht entspricht. Im Aganna Sutta beschreibt der Buddha, dass das Universum vernichtet wurde und sich dann wieder über einen Zeitraum von unzähligen Millionen von Jahren in die gegenwärtige Form entwickelt hat. Erstes Leben bildete sich im Wasser und entwickelte sich wieder über zahllose Jahrmillionen von einfachen hin zu komplexen Organismen. Er sagte, dass alle diese Prozesse ohne Anfang und ohne Ende seien und durch natürliche Ursachen in Gang gehalten würden.

Frage: Sie sagen, es gäbe keinen Beweis für die Existenz Gottes, aber wie steht es dann mit Wundern?
Antwort: Es gibt viele Menschen, die glauben, dass Wunder ein Beweis für die Existenz Gottes seien. Wir hören wilde Behauptungen von Wunderheilungen, die stattgefunden haben, aber unabhängige Zeugnisse über derartige Vorfälle von Seiten medizinischer Einrichtungen oder anerkannter Ärzte scheint es niemals zu geben. Wir hören Berichte aus zweiter Hand, dass jemand wunderbarerweise von einer Katastrophe gerettet wurde, aber Augenzeugenberichte von dem, was angeblich geschah, bekommen wir nicht. Wir hören Gerüchte, dass durch Gebete kranke Körper wieder in Ordnung kamen oder verkümmerte Glieder wieder gestärkt wurden, aber die Röntgenbilder, die das belegen könnten, bekommen wir nie zu Gesicht und bestätigende Kommentare der behandelnden

Ärzte oder Krankenschwestern bleiben aus. Wilde Behauptungen, Berichte aus zweiter Hand oder Hörensagen sind kein Ersatz für stichhaltige Beweise, eindeutige Evidenz von Wundern kommt höchst selten vor. Wie dem auch sei, es geschehen manchmal ungewöhnliche und unerklärliche Dinge. Aber unsere Unfähigkeit, solche Dinge zu erklären, beweist nicht die Existenz von Göttern. Sie bestätigt lediglich, dass unser Wissen noch sehr unvollkommen ist. Vor der Entwicklung der modernen Medizin, als die Menschen die Ursache für Krankheiten nicht kannten, glaubten sie daran, dass Gott oder die Götter Krankheiten als Bestrafung schicken. Wir wissen jetzt, woher Krankheiten kommen, und nehmen Medizin, wenn wir krank werden. Sobald unser Wissen über die Welt vollständiger ist, finden wir auch die Ursachen für unerklärliche Phänomene heraus, genauso wie wir jetzt Krankheitsursachen verstehen können.

Frage: Wenn aber so viele Menschen an irgendeine Form von Gott glauben, muss doch etwas Wahres daran sein, oder?
Antwort: Nein. Es gab einmal eine Zeit, als alle glaubten, die Welt sei flach, aber sie hatten alle Unrecht. Die Anzahl der Menschen, die an eine bestimmte Idee glauben, ist kein Maßstab für den Wahrheitsgehalt oder den Irrtum dieser Idee. Die einzige Möglichkeit zu erkennen, ob eine Idee wahr ist oder nicht, ist die Betrachtung der Tatsachen und die Untersuchung ihrer Schlüssigkeit.

Frage: Manche Menschen sagen, dass der Beweis überall sei. Nach ihnen ist die Schönheit der Natur und die Komplexität des menschlichen Körpers alles Beweis für eine höhere Intelligenz und für einen liebenden Schöpfer.
Antwort: Unglücklicherweise fällt diese Idee in sich zusammen,

sobald man die andere Seite der Natur betrachtet – Leprabakterien, Krebszellen, parasitäre Würmer, Blut saugende Insekten und Rattenplage. Warum würde eine höhere Intelligenz Dinge konstruieren, die so viel Elend und Leid hervorrufen? Dann hört man auch auf, darüber nachzugrübeln, wie viele Menschen bei Erdbeben, Dürren, Überschwemmungen und Tsunamis verletzt werden oder sterben. Gäbe es wirklich einen liebenden Schöpfer, weshalb erschafft er dann solche Dinge oder erlaubt, dass dies geschieht?

Frage: Wenn ihr Buddhisten also nicht an Götter glaubt, woran glaubt ihr dann?

Antwort: Wir glauben nicht an einen Gott sondern an die Menschheit. Wir glauben, dass jedes menschliche Wesen wertvoll und wichtig ist, dass allen das Potenzial innewohnt, sich zu einem Buddha zu entwickeln – zu einem vervollkommneten menschlichen Wesen. Wir glauben, dass menschliche Wesen der Unwissenheit und der Irrationalität entwachsen und die Dinge sehen können, wie sie wirklich sind. Wir glauben, dass Hass, Ärger, Bosheit und Eifersucht durch Liebe, Geduld, Großzügigkeit und Freundlichkeit ersetzt werden können. Wir glauben, dass all das für jeden Menschen erreichbar ist, wenn man sich bemüht, von buddhistischen Freunden angeleitet und unterstützt und durch das Vorbild des Buddha inspiriert zu werden. Wie der Buddha sagt:

> *»Nur wir selbst können uns erlösen.*
> *Kein anderer vermag dies zu tun.*
> *Wir selbst müssen den Pfad gehen,*
> *aber der Buddha zeigt klar den Weg.«*
>
> Dhammapada, Vers 165

4. Die fünf Tugendregeln

Frage: Religionen leiten ihre Vorstellungen von gut und schlecht von den Geboten ihres Gottes oder ihrer Götter ab. Ihr Buddhisten glaubt an keinen Gott, woher wisst ihr also, was richtig und falsch ist?

Antwort: Gedanken, Worte und Handlungen, die in Gier, Hass und Verblendung wurzeln und uns daher von Nirvana wegführen, sind schlecht, und Gedanken, Worte und Handlungen, die auf Gebefreudigkeit, Liebe und Weisheit basieren und somit den Weg zu Nirvana frei machen, sind gut. In Religionen, die auf Gott bezogen sind, genügt es, zu tun, was befohlen wird, um richtig und falsch zu unterscheiden. In einer auf den Menschen bezogenen Religion wie dem Buddhismus muss man, um das zu wissen, tiefes Selbstgewahrsein sowie Selbsterkenntnis entwickeln.

Ethik, die auf Verständnis beruht, ist immer wirksamer als eine, die sich auf das Befolgen von Geboten stützt. Um zu verstehen, was richtig und was falsch ist, betrachten die Buddhisten drei Dinge: die Absicht hinter einer Handlung, wie sich die Handlung auf einen selbst und auf andere auswirkt. Wenn die Absicht gut ist (basierend auf Großzügigkeit, Liebe und Weisheit), wenn sie mir selbst hilft (gebefreudiger, liebender und weiser zu sein) und wenn sie anderen hilft (gebefreudiger, liebender und weiser zu sein), dann sind meine Handlungen heilsam, gut und moralisch. Natürlich gibt es dazu viele Variationen. Manchmal handele ich in bester Absicht, aber es kommt weder mir noch anderen zugute. Manchmal sind meine Absichten alles andere als gut, meine Handlung hilft anderen aber trotzdem. Manchmal handele ich aus guter Absicht und helfe dabei nur mir selbst, rufe jedoch bei anderen damit möglicherweise Leid hervor. In solchen Fällen sind meine Handlungen eine Mischung aus gut und weniger gut. Sind meine Absichten schlecht und die darauf folgenden Handlungen weder für mich noch für andere hilfreich, dann ist so etwas einfach schlecht. Wenn meine Absichten gut sind und wenn mein Tun sowohl mir als auch anderen nützt, dann ist die Tat gut.

Frage: Gibt es also im Buddhismus einen Moralkodex?
Antwort: Ja, das gibt es. Die fünf Tugendregeln bilden die Basis der buddhistischen Moral. Die erste Tugendregel ist, das Töten oder Verletzen lebender Wesen zu vermeiden. Die zweite besteht im Vermeiden von Stehlen; die dritte im Vermeiden von sexuellem Fehlverhalten; die vierte im Vermeiden von Lügen und die fünfte im Vermeiden von Alkoholgenuss oder anderer berauschender Drogen.

Frage: Aber manchmal ist es doch sicher gut zu töten, zum Beispiel Insekten, die Krankheiten übertragen, oder jemanden, der einen töten will?
Antwort: Das kann gut für Sie sein, aber was ist mit dem Insekt oder dem Menschen, der getötet wird? Sie wollen leben, genauso wie Sie es wollen. Wenn Sie sich dazu entschließen, ein Insekt zu töten, das eine Krankheit überträgt, dann ist Ihre Absicht wahrscheinlich eine Mischung aus der Sorge um Sie selbst (gut) und aus Abscheu (schlecht). Die Handlung wird Ihnen nützen (gut), aber offensichtlich nicht diesem Lebewesen (schlecht). Zuweilen kann es notwendig sein zu töten, aber es ist niemals sehr geschickt.

Frage: Ihr Buddhisten kümmert euch sehr um Ameisen und Ungeziefer.
Antwort: Buddhisten versuchen, Mitgefühl zu entwickeln, das allumfassend ist und nicht diskriminiert. Wir sehen die Welt als einheitliches Ganzes, in dem jedes Ding und jedes Wesen seinen Platz und seine Funktion hat. Wir glauben, wir sollten sehr vorsichtig sein, bevor wir das empfindliche Gleichgewicht der Natur zerstören oder aus der Balance bringen. Immer wenn die Betonung darauf lag, die Natur durch Eroberung und Unterwerfung voll auszubeuten, sie bis zur Neige auszuquetschen, ohne etwas an sie zurückzugeben, hat sie revoltiert. Die Luft wird giftig, Flüsse verschmutzen und sterben, unzählige Pflanzen- und Tierarten sterben aus, die Berghänge erodieren, werden unfruchtbar und rutschen ab. Sogar das Klima verändert sich. Wären die Menschen etwas weniger bestrebt zu vernichten, zu zerstören und zu töten, wäre diese schreckliche Situation nicht eingetreten. Wir sollten uns darum bemühen, etwas mehr Respekt für alles Leben zu entwickeln. Und darum geht es bei der ersten Tugendregel.

Frage: Was sagt der Buddhismus zu Abtreibung?
Antwort: Dem Buddha zufolge beginnt das Leben bei der Empfängnis oder sehr bald danach. Daher würde die Abtreibung eines Fötus bedeuten, dass man Leben nimmt.

Frage: Wenn aber eine Frau vergewaltigt wurde oder weiß, dass ihr Kind behindert sein wird, ist es dann nicht besser, die Schwangerschaft zu unterbrechen?
Antwort: Ein Kind, das infolge einer Vergewaltigung empfangen wurde, hat dasselbe Recht zu leben und geliebt zu werden wie jedes andere Kind. Es sollte nicht getötet werden, nur weil sein biologi-

scher Vater kriminell gehandelt hat. Die Geburt eines körperlich oder geistig behinderten Kindes ist immer ein furchtbarer Schock für die Eltern; wenn es aber in Ordnung ist, einen solchen Fötus abzutreiben, warum dann nicht auch Kinder oder Erwachsene töten, wenn sie entstellt oder behindert sind? Es mag Situationen geben, in denen Abtreibung die menschlichste Alternative ist, zum Beispiel um das Leben der Mutter zu retten. Aber seien wir ehrlich, die meisten Abtreibungen geschehen einfach, weil die Schwangerschaft ungelegen kommt, eine Beschämung ist oder weil die Eltern das Kind erst später haben möchten. Für Buddhisten reichen solche Gründe nicht aus, um ein Leben zu zerstören.

Frage: Verletzt jemand, der sich selbst umbringt, die erste Tugendregel?
Antwort: Wenn ein Mensch einen anderen tötet, geschieht das meist aus Angst, Ärger, Zorn, Gier oder einer anderen negativen Emotion. Wenn Menschen sich selbst umbringen, könnten sie das aus ähnlichen Gründen tun oder aus weiteren negativen Emotionen wie Verzweiflung oder Frustration. Während Mord aus negativen, gegen andere gerichteten Emotionen resultiert, ist Selbstmord das Resultat von negativen, gegen einen selbst gerichteten Emotionen. Damit wäre die erste Tugendregel verletzt. Jedoch sollte man niemandem, der an Selbstmord denkt oder einen Selbstmordversuch unternommen hat, sagen, dass das falsch sei. Er braucht unsere Unterstützung und unser Verständnis. Wir müssen solchen Menschen helfen, zu verstehen, dass Selbstmord ihr Problem aufrecht erhält, aber nicht löst.

Frage: Sagen Sie mir bitte etwas zur zweiten Tugendregel.
Antwort: Bei der zweiten Tugendregel nimmt man sich vor, nichts

zu nehmen, was einem nicht gehört. Hier geht es darum, unser Begehren zu zügeln und den Besitz anderer zu respektieren.

Frage: Die dritte Tugendregel fordert uns auf, sexuelles Fehlverhalten zu vermeiden. Was ist sexuelles Fehlverhalten?
Antwort: Wenn wir Tricks verwenden, emotionale Erpressung oder Gewalt, um jemanden dazu zu bringen, mit uns Sex zu haben, kann man das sexuelles Fehlverhalten nennen. Ehebruch ist auch eine Form des sexuellen Fehlverhaltens, weil wir bei der Heirat unserer Ehefrau oder unserem Ehemann Loyalität versprochen haben. Bei Ehebruch brechen wir dieses Versprechen und missbrauchen das Vertrauen zwischen dem Partner und uns. Sex sollte Ausdruck von Liebe und Vertrautheit zwischen zwei Menschen sein, und in diesem Fall trägt er auch zu unserem geistigen und psychischen Wohlbefinden bei.

Frage: Ist Sex vor der Ehe auch eine Art sexuellen Fehlverhaltens?
Antwort: Nicht, wenn zwischen den Betroffenen Liebe und gegenseitiges Einvernehmen besteht. Trotzdem sollte nicht vergessen werden, dass die biologische Funktion der Sexualität die Fortpflanzung ist und es für eine unverheiratete Frau große Probleme geben kann, wenn sie schwanger wird. Viele reife und verantwortungsbewusste Menschen denken daher, es sei viel besser, Sex auf die Zeit nach der Heirat zu verschieben.

Frage: Was sagt der Buddhismus zu Geburtenkontrolle?
Antwort: Manche Religionen lehren, dass Geschlechtsverkehr ausschließlich der Fortpflanzung zu dienen habe und jeder andere Grund moralisch verwerflich sei. Daher halten sie jede Form von

Geburtenkontrolle für falsch. Der Buddhismus anerkennt mehrere Gründe für sexuelle Aktivität – neben der Zeugung auch Wohlbefinden und den Ausdruck von Liebe und Zuneigung zwischen zwei Menschen. Trifft dies zu, so betrachtet er alle Formen von Geburtenkontrolle mit Ausnahme der Abtreibung für zulässig. Überhaupt würde man aus der Sicht des Buddhismus in einer Welt, in der die Bevölkerungsexplosion zu einem Hauptproblem der Menschheit geworden ist, die Geburtenkontrolle als Segen betrachten.

Frage: Was ist aber mit der vierten Tugendregel? Ist es im Leben denn möglich, ohne Lüge durchzukommen?
Antwort: Wäre es wirklich unmöglich, von der Gesellschaft angenommen zu werden oder Geschäfte zu machen, ohne zu lügen, sollte man diesen erschütternden und verwerflichen Stand der Dinge ändern. Ein Buddhist ist jemand, der das Problem auf praktische Weise löst, indem er versucht, wahrheitsgetreu und ehrlich zu sein.

Frage: Angenommen, Sie sitzen in einem Park, ein entsetzter Mann rennt an Ihnen vorbei, und wenig später kommt ein anderer Mann mit einem gezückten Messer auf Sie zu und fragt Sie, in welche Richtung der erste Mann gelaufen sei. Würden Sie ihm die Wahrheit sagen oder ihn anlügen?
Antwort: Wenn ich guten Grund hätte anzunehmen, dass der zweite Mann dabei ist, dem ersten etwas Schreckliches anzutun, würde ich als intelligenter und fürsorglicher Buddhist nicht zögern zu lügen. Wie vorhin schon besprochen, ist eines der bestimmenden Kriterien dafür, ob eine Tat gut oder schlecht ist, die Absicht. Die Absicht, ein Leben zu retten, ist unter diesen Umständen um vieles besser, als die Wahrheit zu sagen. Wenn man durch Lügen,

Alkohol Trinken, ja sogar Stehlen in gewissen Fällen Leben retten kann, sollte man das tun. Ich kann mich nach der Übertretung einer der Tugendregeln immer noch bessern, aber ein verlorenes Leben kann ich nicht zurückbringen. Wie schon gesagt, sollte man das jedoch nicht als Freibrief für die Verletzung der Tugendregeln verwenden, wenn es einem gerade passt. Die Tugendregeln sollten mit großer Sorgfalt ausgeübt und nur in Ausnahmefällen übertreten werden.

Frage: Nach der fünften Tugendregel sollten wir weder Alkohol trinken noch andere Drogen zu uns nehmen. Warum nicht?
Antwort: Die Menschen trinken nicht wegen des guten Geschmacks. Wenn sie alleine trinken, suchen sie darin Entspannung, und wenn sie in Gesellschaft trinken, dann meistens, um sich anzupassen. Auch eine geringe Menge von Alkohol vernebelt das Bewusstsein und stört das Selbstgewahrsein. Die Wirkung größerer Mengen kann verheerend sein. Buddhisten sagen, dass, wenn man die fünfte Tugendregel verletzt, man auch alle anderen Tugendregeln verletzen könne.

Frage: Aber nur ganz wenig zu trinken, wäre doch keine wirkliche Übertretung, oder? Das wäre doch kaum der Rede wert.
Antwort: Ja, es ist nur eine Kleinigkeit. Wenn man nicht einmal diese Kleinigkeit praktizieren kann, dürften das Engagement und die Entschlossenheit nicht besonders groß sein, oder?

Frage: Wäre Rauchen eine Übertretung der fünften Tugendregel?
Antwort: Rauchen hat zweifellos negative Auswirkungen auf den Körper, aber seine Wirkung auf den Geist ist gering. Man kann

rauchen und noch immer wach und achtsam sein und sich selbst unter Kontrolle haben. Obwohl man niemandem zum Rauchen raten würde, wäre es doch kein Verstoß gegen die Tugendregeln.

Frage: Die fünf Tugendregeln sind etwas Negatives. Sie schreiben einem vor, was man nicht tun soll. Sie sagen nicht, was man tun soll.

Antwort: Die fünf Tugendregeln bilden die Grundlage der buddhistischen Moral. Es sind nicht die einzigen. Wir beginnen damit, unser negatives Verhalten zu erkennen, und bemühen uns, damit aufzuhören. Dafür sind die fünf Grundsätze da. Erst wenn wir aufgehört haben, falsch zu handeln, beginnen wir, Gutes zu tun. Nehmen wir die vierte Tugendregel als Beispiel. Der Buddha sagte, wir sollten uns erst einmal der Lügen enthalten. Danach uns bemühen, die Wahrheit, freundlich, höflich und letztlich im richtigen Moment zu sprechen.

> *»Nachdem er falsche Rede aufgegeben hat, spricht er die Wahrheit, wird verlässlich, vertrauenswürdig, verantwortungsvoll, die Welt enttäuscht er nicht. Nachdem er böswillige Rede aufgegeben, wiederholt er nicht dort, was er hier gehört hat, noch wiederholt er hier, was er dort gehört hat, um zwischen den Menschen Zwietracht zu säen. Er versöhnt diejenigen, die sich uneinig sind, und führt diejenigen enger zusammen, die schon befreundet sind. Harmonie ist seine Freude, Harmonie ist sein Glück, Harmonie ist seine Liebe; sie ist das Motiv seiner Rede. Nachdem er raue Rede aufgegeben hat, spricht er tadellos, angenehm für das Ohr, freundlich, zu Herzen gehend, höflich und bei den meisten beliebt. Nachdem er hohles Geschwätz aufgegeben hat, spricht er das*

zur rechten Zeit, was korrekt ist, bleibt beim Thema, spricht über den Dhamma und die Disziplin. Er spricht Worte, die es wert sind, hochgehalten zu werden, die angemessen, vernünftig, richtig gewählt sind und zur Sache kommen.«

Majjhima Nikaya

5. Wiedergeburt

Frage: Woher kommen wir Menschen und wohin gehen wir?

Antwort: Auf diese Frage gibt es drei mögliche Antworten. Wer an einen Gott oder an Götter glaubt, behauptet normalerweise, dass Individuen erst existieren könnten, wenn sie erschaffen worden sind, und dass es der Wille eines Gottes sei, sie ins Dasein zu rufen. Sie leben ihr Leben und, je nachdem was sie während ihres Lebens geglaubt oder getan haben, kommen sie entweder in einen ewigen Himmel oder in eine ewige Hölle. Andere, etwa Humanisten oder Wissenschaftler, behaupten, dass ein Individuum bei der Empfängnis durch natürliche Ursachen ins Dasein trete, lebe und beim Tod seine Existenz beende.

Der Buddhismus akzeptiert keine dieser Erklärungen. Die erste schafft viele ethische Probleme: Wenn ein guter Gott wirklich jeden von uns erschafft, ist es schwierig zu erklären, weshalb so viele Menschen missgestaltet geboren werden, warum es so viele Fehlgeburten gibt oder Babys tot auf die Welt kommen. Ein anderes Problem bei der theistischen Erklärung ist, dass es ungerecht erscheint, wenn ein Mensch nur für das, was er in lächerlichen 60 oder 70 Jahren auf der Erde getan hat, für immer in der Hölle leiden soll. 60 oder 70 Jahre Unglauben oder Unmoral können doch nicht ewige Folterstrafen verdienen. Ebenso scheinen 60 oder 70 Jahre eines tugendhaften Lebens ein recht geringer Aufwand für ewigen Segen im Himmel zu sein. Die zweite Erklärung klingt zwar besser als die erste und hat auch mehr wissenschaftliche

Glaubwürdigkeit, lässt aber immer noch wichtige Fragen unbeantwortet. Wie kann ein so erstaunlich komplexes Phänomen wie das menschliche Bewusstsein aus dem schlichten Zusammentreffen von Sperma mit dem Ei in nur neun Monaten entstehen? Auch ist es, seitdem Parapsychologie als Wissenschaftszweig anerkannt ist, zunehmend schwieriger geworden, Phänomene wie etwa Telepathie in das materialistische Modell des menschlichen Bewusstseins zu integrieren.

Der Buddhismus bietet eine sehr befriedigende Erklärung, was die Herkunft und das Ziel der menschlichen Wesen betrifft. Wenn wir sterben, setzt sich das Bewusstsein mit allen Tendenzen, Vorlieben, Fähigkeiten und Charakteristika, die in diesem Leben entwickelt wurden, wieder in einem befruchteten Ei fest. So wächst ein Individuum, wird wiedergeboren und entwickelt eine Persönlichkeit, die sowohl von geistigen Eigenschaften aus dem vergangenen Leben als auch von der neuen Umgebung bestimmt wird. Seine Persönlichkeit wird sich verändern und von eigenem bewussten Bemühen sowie konditionierenden Faktoren wie Erziehung, elterlichem Einfluss und Gesellschaft modifiziert. Bei seinem Tod wird es sich wieder in einem neuen befruchteten Ei niederlassen. Dieser Prozess des Sterbens und Wiedergeborenwerdens setzt sich so lange fort, bis die Bedingungen, die ihn in Gang halten, nämlich Begehren und Unwissenheit, aufhören. Wenn das passiert, erreicht das Bewusstsein, statt wiedergeboren zu werden, einen Zustand, den man Nirvana nennt. Das ist das höchste Ziel im Buddhismus und der Sinn des Lebens.

Frage: Wie soll das Bewusstsein von einem Körper in den nächsten gelangen?

Antwort: Stellen Sie es sich wie Radiowellen vor. Radiowellen bestehen weder aus Worten noch aus Musik, sondern aus Energie mit verschiedenen Frequenzen, werden übertragen, bewegen sich durch den Raum, werden von einem Empfänger von dort angezogen und aufgenommen, wo sie als Worte und Musik ausgestrahlt werden. Ähnlich ist es mit dem Geist oder Bewusstsein. Bei Eintritt des Todes bewegt sich geistige Energie durch den Raum und wird von dem befruchteten Ei angezogen und aufgegriffen. Im Laufe seines Wachstums zentriert sich der Embryo in einem Gehirn, von dem aus er sich später als neue Persönlichkeit »aussendet«.

Frage: Wenn jemand wiedergeboren wird, tritt dann die Seele oder das Selbst von einem Körper in den nächsten über?
Antwort: Nicht nach dem Buddha. Er lehrte tatsächlich, dass der Glaube an eine ewige Seele oder das Selbst eine Illusion ist, die das Ego erschaffen hat und durch die das Ego weiterhin gestärkt wird. Egoismus, Narzissmus, Hochmut und Selbstbezogenheit verschwinden, wenn wir erkennen, dass es kein ewiges Selbst gibt. Ein Einzelner ist nicht solide, sondern fließend.

Frage: Das klingt wie ein Widerspruch. Wenn es kein Selbst gibt, existiert auch keine Identität, und wenn es keine Identität gibt, wie kann man dann sagen, dass man wiedergeboren wird?
Antwort: Es ist wie bei einem Fußballteam, das seit 95 Jahren zusammenspielt. Während dieser Zeit sind Hunderte von Spielern zu dem Team gekommen, die fünf oder zehn Jahre gespielt haben und die beim Verlassen durch andere Spieler ersetzt wurden. Auch wenn keiner der Originalspieler mehr im Team ist oder sogar noch am Leben, kann man trotzdem sagen, dass »das Team« existiert. Trotz der ständigen Veränderung ist seine Identität erkennbar. Die Spieler sind feste, solide Entitäten, aber woraus besteht die Identität

des Teams? Sein Name, die Erinnerungen an die vergangenen Erfolge, die Gefühle der Spieler und der Unterstützer ihm gegenüber, der Teamgeist und vieles mehr. Bei den Individuen ist es genauso. Trotz der Tatsache, dass sich Körper und Geist ständig verändern, kann man immer noch sagen, dass die Person, die wiedergeboren wird, eine Fortsetzung der gestorbenen Person sei – nicht weil ein unveränderliches Selbst von einer zur anderen Person übergeht, sondern weil die Identität in den Erinnerungen, den Veranlagungen, den geistigen Gewohnheiten und den psychischen Tendenzen fortdauert.

Frage: Wird man immer als menschliches Wesen wiedergeboren?

Antwort: Nein, es gibt mehrere Bereiche, in denen man wiedergeboren werden kann. Manche Menschen werden im Himmel wiedergeboren, manche in der Hölle, manche werden als sogenannte hungrige Geister wiedergeboren und so weiter. Der Himmel ist in diesem Sinn nicht als Ort sondern vielmehr als Daseinszustand zu verstehen, wo man einen feinstofflichen Körper hat und das Bewusstsein hauptsächlich Angenehmes erlebt. Wie alle bedingten Zustände ist auch der Himmel unbeständig. Wenn die Lebenszeit darin abgelaufen ist, kann man genauso gut als Mensch wiedergeboren werden. Ebenso ist die Hölle kein Ort sondern ein Daseinszustand, wo man einen subtilen Körper hat und der Geist hauptsächlich Angst und Verzweiflung erlebt. Als hungriger Geist hat man auch einen subtilen Körper und erlebt durch sein Bewusstsein permanente Qualen des Sichverzehrens und des Unbefriedigtseins. Himmlische Wesen erleben hauptsächlich Freude, höllische Wesen und Hungergeister hauptsächlich Schmerzen und menschliche Wesen normalerweise eine Mischung aus beiden. Den Hauptunterschied zwischen menschlichem Daseinsbereich und anderen Bereichen bilden die Art des Körpers und die Erfahrungsqualität.

Frage: Was gibt den Ausschlag dafür, wo eine Person wiedergeboren wird?
Antwort: Der wichtigste Faktor, aber nicht der einzige, der unsere Wiedergeburt und die Art des neuen Lebens beeinflusst, ist Karma. Das Wort *Karma* bedeutet »Handlung«. Das bezieht sich auf unsere absichtlichen geistigen, verbalen und körperlichen Handlungen. Mit anderen Worten, was wir sind, ist wesentlich davon bestimmt, wie wir in der Vergangenheit gedacht und agiert haben. Auf ähnliche Weise wird, wie wir jetzt denken und handeln, Einfluss auf unsere Zukunft haben. Ein freundlicher, liebender Menschentyp neigt dazu, in einem himmlischen Bereich oder als menschliches Wesen wiedergeboren zu werden, in dessen Leben die angenehmen Erfahrungen vorwiegen. Der ängstliche, besorgte oder extrem grausame Personentypus neigt zu einer Wiedergeburt im Höllenbereich oder als Mensch, der vorwiegend Unangenehmes erlebt. Die Person, die von Begehren besessen ist, erfüllt von heftigen Sehnsüchten und brennendem Ehrgeiz, der nie gestillt werden kann, wird als hungriger Geist oder als Mensch wiedergeboren, der vor lauter Sehnen und Verlangen immer frustriert ist. Welche geistigen Gewohnheiten auch immer in diesem Leben stark ausgebildet worden sind, sie werden im nächsten Leben einfach weitergehen. Dennoch werden die meisten Personen als menschliche Wesen wiedergeboren.

Frage: Sie haben Höllenwesen erwähnt. Glaubt ihr Buddhisten tatsächlich an eine Hölle?
Antwort: Wenn Sie mit Hölle einen Ort meinen, an den ein zorniger Gott alle Ungläubigen wirft, um sie ewig zu bestrafen, dann

nein. Ein Buddhist würde sagen, dass eine solche Idee nur das Produkt eines kranken und rachsüchtigen Geistes sein kann. Die buddhistischen Begriffe *Niraya* und *Apaya* werden gewöhnlich mit Hölle übersetzt, meinen jedoch tatsächlich Rückgang und Verlust. Besonders grausame und selbstsüchtige Menschen erschaffen sich selbst einen geistigen Zustand, der vorwiegend negativ ist. Der Buddha sagte: »Der Narr sagt, die Hölle sei unter dem Meer. Ich aber sage, die Hölle sei eine Bezeichnung für schmerzhafte Gefühle.« (Samyutta Nikaya, IV, 206) Ich gebe Ihnen ein Beispiel. Ein paranoider Mensch sieht überall Gefahr, Verschwörung und Verrat, selbst wenn es nichts davon gibt. Seine Denkweise macht ihn ständig misstrauisch, ängstlich und besorgt. Niemand hat ihn verurteilt und zu einer negativen Existenz verdammt, er hat sie sich selbst geschaffen. Darüber hinaus haben solche Menschen immer die Möglichkeit, sich aus ihrer negativen Mentalität zu erheben, und somit ist die Hölle dem Buddhismus zufolge nicht ewig. Wir haben immer eine andere Chance.

Frage: So sind wir also nicht von unserem Karma vorherbestimmt, wir können es also ändern?
Antwort: Natürlich können wir das. Das ist der ganze Zweck des Buddhismus! Deshalb ist einer der Schritte des Edlen Achtfachen Pfades auch das rechte Bemühen. Es hängt von unserer Aufrichtigkeit ab und davon, wie viel Energie wir einsetzen und wie eingefahren unsere Gewohnheiten sind. Es ist ja so, dass manche Menschen unter dem Einfluss ihrer vergangenen Gewohnheiten einfach durch das Leben gehen, ohne sich darum zu bemühen, sie zu ändern, und den unangenehmen Auswirkungen dabei zum Opfer fallen. Solche Menschen werden so lange leiden müssen, bis sie ihre negativen Gewohnheiten ablegen. Je länger man bei

schlechten Gewohnheiten bleibt, desto schwieriger wird es, sie zu ändern. Ein Buddhist versteht das und nützt jede Gelegenheit, um jene Verhaltensmuster, die unangenehme Folgen haben, aufzulösen und Gewohnheiten zu entwickeln, die erfreuliche Resultate bringen. Meditation ist nur eine der Techniken, mit denen man Gewohnheitsmuster des Geistes modifizieren kann; ebenso das Sprechen oder der Verzicht darauf; das Handeln oder Abstand davon nehmen, etwas in der gewohnten Weise zu tun. Das buddhistische Leben insgesamt ist ein Training für die Reinigung und Befreiung des Geistes. Wenn zum Beispiel Geduld und Freundlichkeit wesentliche Charakterzüge in Ihrem vergangenen Leben gewesen sind, werden diese Tendenzen auch Ihr gegenwärtiges Leben bestimmen. Wenn sie jetzt ermutigt und weiter entwickelt werden, werden sie im künftigen Leben umso klarer und stärker hervortreten. Dies entspricht der einfachen und leicht zu beobachtenden Tatsache, dass alte, fest eingefahrene Gewohnheiten schwer aufzulösen sind.

Wenn Sie nun geduldig und freundlich sind, werden Sie von anderen eher nicht so leicht aus der Ruhe gebracht, tragen keinen Groll mit sich herum, Menschen mögen Sie und daher neigen Sie zu glücklicheren Erfahrungen. Nehmen wir ein anderes Beispiel: Sagen wir, Sie sind aufgrund von Denkgewohnheiten aus Ihrem vergangenen Leben mit der Neigung zu Geduld und Freundlichkeit auf die Welt gekommen. Im gegenwärtigen Leben aber vernachlässigen Sie diese Tendenzen, verstärken und entwickeln sie nicht. Sie würden allmählich schwächer werden, absterben und in Ihrem nächsten Leben vielleicht völlig verschwunden sein. Nachdem Geduld und Freundlichkeit nun geschwächt sind, besteht in diesem oder im nächsten Leben die Möglichkeit, dass Unbeherrschtheit, Ärgerlichkeit und Grausamkeit entstehen und sich entwickeln und dabei all die unangenehmen Erfahrungen mit sich bringen können, die von einer solchen Einstellung hervorgerufen werden.

Nehmen wir noch ein letztes Beispiel. Sagen wir, Sie seien aufgrund der geistigen Muster aus Ihrem vergangenen Leben mit der Neigung zu Unbeherrschtheit und Gereiztheit auf die Welt gekommen und erkennen, dass Ihnen diese Gewohnheiten nur Unangenehmes bescheren. Wenn es Ihnen nur gelingt, diese Tendenzen zu schwächen, werden sie in Ihrem nächsten Leben wohl wieder auftauchen, aber mit ein bisschen mehr Anstrengung können sie völlig eliminiert werden, sodass Sie von ihren unerfreulichen Auswirkungen befreit sind.

Frage: Ist es möglich, dass wir im nächsten Leben mit Menschen in Kontakt kommen, die wir in diesem Leben gekannt haben?
Antwort: Ja, das ist möglich. Einst erzählten ein älterer Herr und seine Frau, die schon lange Zeit verheiratet waren und sich gegenseitig tief liebten, dem Buddha, dass sie sich im nächsten Leben auch wieder ineinander verlieben wollten, genauso wie sie es in diesem Leben getan hatten. Der Buddha sagte, dass das geschehen könne, wenn ihre Affinität zueinander stark sei und sie eine ähnliche Stufe an Vertrauen, Tugend, Großzügigkeit und Verständnis erlangt hätten. Wenn sich zwei Menschen begegnen und sich unmittelbar verbunden fühlen, woraus sich eine dauerhafte und tiefe Freundschaft entwickelt, so ist es nach dem Buddhismus durchaus möglich, dass sie in einem vergangenen Leben schon eine Beziehung hatten. Dass die Bindung zwischen Menschen sogar den Tod überdauern kann, ist ein weiterer positiver Aspekt von Wiedergeburt.

Frage: Sie haben viel über Wiedergeburt gesprochen, aber gibt es einen Beweis dafür, dass wir wiedergeboren werden, sobald wir gestorben sind?

Antwort: Es gibt nicht nur wissenschaftliche Indizien, die den buddhistischen Glauben an Wiedergeburt unterstützen, er bietet auch die einzige Theorie über ein »Leben nach dem Tod«, die ihn auf glaubwürdige Weise untermauert. Es gibt nicht den geringsten Anhaltspunkt für einen Beweis der Existenz eines Himmelreichs, und natürlich fehlt auch ein Beweis für die völlige Auslöschung beim Tod.

Doch während der letzten 30 Jahre haben Parapsychologen die Berichte von einigen Menschen, die lebhafte Erinnerungen an frühere Leben hatten, studiert. Ein fünfjähriges Mädchen in England zum Beispiel erinnerte sich an ihre »anderen Eltern« und erzählte lebhaft darüber, was sich wie die Ereignisse im Leben einer anderen Person anhörte. Parapsychologen, die man konsultierte, stellten ihr Hunderte von Fragen, die das Mädchen beantwortete. Sie sprach von einem bestimmten Dorf, in dem sie gelebt hatte, das offenbar in Spanien lag, nannte den Namen des Dorfes, den Namen der Straße, wo sie gewohnt hatte, die Namen ihrer Nachbarn und beschrieb Details ihres dortigen Alltagslebens. Unter Tränen sprach sie davon, wie sie zwei Tage, nachdem sie von einem Auto angefahren wurde, ihren Verletzungen erlegen war. Man überprüfte ihre Angaben und fand heraus, dass sie völlig korrekt waren. Es gab ein Dorf in Spanien mit dem Namen, den das Mädchen angegeben hatte; ein Haus von dem von ihr beschriebenen Typus stand in der von ihr genannten Straße. Darüber hinaus stellte sich heraus, dass eine 23-jährige Frau in diesem Haus gelebt hatte und fünf Jahre zuvor bei einem Autounfall ums Leben gekommen war. Wie sollte es einem fünfjährigen Mädchen, das in England lebt und nie davor in Spanien war, möglich sein, von all diesen Details zu wissen? Und natürlich ist das nicht der einzige Fall dieser Art. Ian Stevenson, Professor am Institut für Psychologie der Universität von Virginia, hat Dutzende ähnlicher Fälle in seinen Büchern beschrieben. Er ist anerkannter Wissenschaftler, dessen über 25 Jahre laufende Studie über Menschen, die sich an frühere Leben erinnern, ein erhebliches Indiz für die Offenkundigkeit der buddhistischen Wiedergeburtslehre ist.

Frage: Manche Menschen könnten sagen, dass die vermeintliche Fähigkeit, sich an frühere Leben zu erinnern, das Werk des Teufels sei.
Antwort: Man kann nicht einfach alles, was einem nicht ins Konzept passt, als Teufelswerk abtun. Wenn harte Fakten zur Unterstützung einer Idee aufgestellt worden sind, sind rationale und logische Argumente nötig, um sie zu widerlegen – nicht irrationale und abergläubische Reden über Teufel.

Frage: Könnte man nicht sagen, dass das Reden über Wiedergeburt auch etwas abergläubisch sei?
Antwort: Das Lexikon definiert Aberglaube als »Glaube, der nicht auf Vernunft oder Fakten basiert, sondern auf Assoziation von Ideen, wie in der Magie«. Wenn Sie mir eine sorgfältige Studie über die Existenz von Teufeln zeigen können, die ein Wissenschaftler geschrieben hat, werde ich zugeben, dass der Glaube an Teufel kein Aberglaube ist. Aber ich habe noch nie von irgendeiner Forschungsarbeit über Teufel gehört; die Wissenschaftler haben sich nicht darum gekümmert, solche Dinge zu untersuchen, daher gibt es keine Anhaltspunkte für die Existenz von Teufeln. Wie wir aber gerade gesehen haben, gibt es konkrete Indizien dafür, dass Wie-

dergeburt existiert. Wenn der Glaube an Wiedergeburt zumindest von einigen Fakten gestützt wird, kann es kein Aberglaube sein.

Frage: Hat es vielleicht irgendwelche Wissenschaftler gegeben, die an Wiedergeburt glauben?
Antwort: Ja, Thomas Huxley, der dafür verantwortlich war, dass Naturwissenschaft in das englische Schulsystem des 19. Jahrhunderts integriert wurde und der als erster Wissenschaftler die Theorien Darwins unterstützte. Er hielt Reinkarnation für eine sehr glaubwürdige Idee. In seinem Buch *Evolution und Ethik und andere Essays* sagt er:

> *»In der Transmigrationslehre, ob brahmanischen oder buddhistischen Ursprungs sei dahingestellt, war Spekulation schnell zur Hand und die Mittel gefunden, um daraus eine plausible Rechtfertigung der Wirkung des Kosmos auf den Menschen zu konstruieren … Dieses Plädoyer ist nicht weniger plausibel als andere Rechtfertigungsversuche; und nur voreilige Denker werden es wegen Absurdität zurückweisen. Wie die Doktrin von der Evolutionstheorie wurzelt auch jene der Transmigration in der Welt der Wirklichkeit; sie hat genauso Anspruch auf Unterstützung, wie das Argument der Analogie zu liefern imstande ist.«*

Auch Gustaf Stromberg, berühmter schwedischer Professor der Astronomie und Physik und Freund von Albert Einstein, fand die Idee der Wiedergeburt einleuchtend.

> *»Darüber, ob menschliche Seelen auf der Erde wiedergeboren werden können oder nicht, gehen die Meinungen auseinan-*

der. Ein hochinteressanter Fall wurde 1936 von den indischen Behörden untersucht und berichtet. Ein Mädchen (Shanti Devi aus Delhi) konnte ihr vorhergehendes Leben (in Muttra, etwa achthundert Kilometer von Dehli entfernt) genau beschreiben. Es hatte etwa ein Jahr vor ihrer ›zweiten Geburt‹ geendet. Sie nannte den Namen ihres Ehemannes und ihres Kindes und beschrieb ihr Zuhause und ihre Lebensgeschichte. Die Untersuchungskommission brachte sie zu ihren früheren Verwandten, die all ihre Aussagen bestätigten. Bei der indischen Bevölkerung gilt Reinkarnation als etwas Selbstverständliches. In diesem Fall war das Erstaunliche für sie die große Anzahl an Fakten, an die sich das Mädchen erinnerte. Dies und ähnliche Fälle können als zusätzliche Bestätigung für die Theorie von der Unzerstörbarkeit der Erinnerung herangezogen werden.«

Professor Julian Huxley, ein hochrangiger britischer Wissenschaftler und Generaldirektor der UNESCO war davon überzeugt, dass Wiedergeburt mit wissenschaftlichem Denken in Einklang steht.

»Es ist nichts gegen die Idee einer permanent überlebenden, geistigen Individualität einzuwenden, die beim Tod als eine bestimmte Art von drahtlos übermittelter Nachricht von einem in besonderer Weise funktionierenden Sendegerät ausgestrahlt wird. Nicht zu vergessen ist, dass eine drahtlos gesendete Nachricht erst dann wieder zur Nachricht wird, wenn sie mit einer neuen, materiellen Struktur in Kontakt kommt – dem Empfänger. Sie … könnten niemals denken oder fühlen, ohne sich auf irgendeine Art wieder zu verkörpern. Unsere Persönlichkeit ist so sehr mit dem Körper verbunden, dass ein

persönliches Überleben ohne jegliche körperliche Form wirklich undenkbar ist … Man könnte sich etwas Übertragenes denken, das zu Männern und Frauen in einem ähnlichen Verhältnis steht wie eine Funknachricht zu einem Sendegerät. In diesem Fall aber könnte man sich vorstellen, dass ›die Toten‹ nichts weiter als Störungen verschiedener, das Universum durchziehender Muster sind, und zwar solange, bis … sie … wieder zur Wirklichkeit eines Bewusstseins werden, indem sie mit einem wie ein Empfangsgerät für Geistiges funktionierenden Etwas Kontakt aufnehmen.«

Sogar jemand, der so praktisch und sachlich war wie der amerikanische Industrielle Henry Ford, hielt die Idee der Wiedergeburt für akzeptabel. Er fühlte sich von ihr deshalb angezogen, weil er in ihr eine weitere Chance sah, sich weiterzuentwickeln. Er sagte:

»Ich habe die Reinkarnationslehre mit 26 Jahren für mich angenommen … In dieser Hinsicht bot Religion nichts Vergleichbares … Auch Arbeit konnte mich nicht vollkommen zufrieden stellen. Arbeit ist sinnlos, wenn wir die in einem Leben gesammelten Erfahrungen nicht in einem nachfolgenden Leben nutzen können. Als ich die Reinkarnation entdeckte, war es für mich, als hätte ich einen universellen Plan gefunden. Mir wurde klar, dass es eine Chance gab, meine Ideen zur Vollendung zu bringen. Zeit war nicht mehr begrenzt. Ich war nicht mehr der Uhrzeit ausgeliefert … Genie ist Erfahrung. Manche scheinen zu glauben, es ist ein Geschenk oder ein Talent, aber es ist die Frucht langer Erfahrung in vielen Leben. Manche sind ältere Seelen als andere, und so wissen sie auch mehr … Die Entdeckung der Wiedergeburt hat mir

meine Befangenheit genommen … Wenn Sie dieses Interview aufzeichnen, schreiben Sie das auf, damit sich die Menschen entspannen können. Ich möchte die Gelassenheit, die uns der weite Blick auf das Dasein gibt, an andere weitergeben.«

Die buddhistische Lehre von der Wiedergeburt hat also eine wissenschaftliche Basis, ist logisch schlüssig und bietet weitreichende Antworten auf einige wichtige Fragen über das menschliche Schicksal. Aber sie hat auch etwas sehr Tröstliches. Dem Buddha zufolge gibt es im nächsten Leben Gelegenheit zu einem neuen Versuch, wenn dieses Mal Nirvana nicht erlangt wurde. Wenn Sie in diesem Leben Fehler gemacht haben, können Sie sie im nächsten ausbessern. So wird es wirklich möglich, von den eigenen Fehlern zu lernen. Wozu man in diesem Leben nicht fähig war, kann im nächsten möglicherweise sehr gut erreicht werden. Was für eine wunderbare Lehre!

Frage: Intellektuell klingt das alles sehr befriedigend, aber ich muss gestehen, dass ich immer noch etwas skeptisch bin hinsichtlich Wiedergeburt.
Antwort: Das ist schon in Ordnung. Buddhismus ist nicht die Art von Religion, bei der man Mitglied werden und sich verpflichten muss, alles zu glauben, was sie lehrt. Welchen Sinn hätte es, einen zu zwingen, an Dinge zu glauben, die man nicht glauben kann? Man kann immer noch die Dinge praktizieren, die man hilfreich findet, die Ideen annehmen, die man versteht, und von ihnen profitieren, ohne an Wiedergeburt zu glauben. Wer weiß, zu gegebener Zeit wird man die Wahrheit von der Wiedergeburt vielleicht erkennen.

6. Meditation

Frage: Was ist Meditation?
Antwort: Meditation ist ein bewusstes Bemühen, die Wirkungsweise des Geistes zu beeinflussen. *Bhavana* ist das Pali-Wort dafür und bedeutet »entwickeln« oder »entfalten«.

Frage: Ist Meditation wichtig?
Antwort: Ja, sie ist wichtig. Egal, wie sehr wir uns auch bemühen, gut zu sein, so wird eine Änderung schwierig, wenn wir das Verlangen, das unser Handeln bestimmt, nicht beeinflussen können. Jemand bemerkt zum Beispiel, dass er mit seiner Frau ungeduldig ist und gibt sich selbst vielleicht das Versprechen: »Von nun an bin ich nicht mehr so ungeduldig.« Aber eine Stunde später schreit er sie einfach wieder an. Weil er sich seiner selbst nicht bewusst ist, ist die Ungeduld unbemerkt wieder in ihm aufgestiegen. Meditation hilft, Achtsamkeit und die zur Transformation eingefleischter Gewohnheitsmuster nötige Energie zu entwickeln.

Frage: Ich habe gehört, dass Meditation gefährlich sein kann. Stimmt das?
Antwort: Zum Leben brauchen wir Salz. Wenn man aber ein Kilo Salz auf einmal isst, wird es einen wahrscheinlich umbringen. Um in der modernen Welt mithalten zu können, braucht man ein Auto. Wenn man aber die Verkehrsregeln nicht beachtet oder betrunken Auto fährt, würde es zu einer gefährlichen Maschine werden. So ist

Meditation: Sie ist wesentlich für unsere geistige Gesundheit und unser Wohlbefinden, wenn man aber auf falsche Weise übt, dann kann es zu Problemen kommen. Manche Menschen haben Probleme wie Depressionen, irrationale Ängste oder Schizophrenie. Wenn sie meinen, Meditation würde ihr Problem sofort lösen, und deshalb zu meditieren beginnen, kann es manchmal passieren, dass ihr Problem schlimmer wird. Wenn man unter einem solchen Problem leidet, sollte man professionelle Hilfe aufsuchen und erst dann mit der Meditation beginnen, wenn es einem wieder besser geht.

Andere Menschen überfordern sich: Sie beginnen mit Meditation; statt aber allmählich und Schritt für Schritt weiter zu üben, meditieren sie mit zu viel Energie oder in zu langen Perioden, sodass sie bald erschöpft sind. Aber wahrscheinlich entstehen die meisten Probleme aus der sogenannten »Känguru-Meditation«. Da gehen manche zu einem Lehrer und folgen seiner Meditationstechnik für einige Zeit. Dann lesen sie etwas in einem Buch und nehmen sich vor, es mit dieser Technik zu versuchen. Eine Woche später kommt ein berühmter Meditationslehrer in ihre Stadt, sie beschließen, einige seiner Ideen in ihre Praxis zu integrieren, und es dauert nicht lange, bis sie völlig konfus sind. Wie ein Känguru von Lehrer zu Lehrer oder von Meditationstechnik zu Meditationstechnik zu springen, ist ein Fehler. Wenn man aber keine ernstlichen mentalen Probleme hat und vernünftig praktiziert, ist Meditation eine der besten Sachen, die man für sich tun kann.

Frage: Wie viele Arten von Meditation gibt es?
Antwort: Der Buddha hat viele verschiedene Formen der Meditation gelehrt, wobei jede davon zur Überwindung eines spezifischen Problems oder zur Entfaltung eines besonderen Geisteszustandes

entwickelt war. Die beiden bekanntesten und nützlichsten Arten der Meditation sind die Achtsamkeit auf den Atem, *anapana sati*, und die Liebende-Güte-Meditation, *metta bhavana*.

Frage: Wie übe ich Achtsamkeit auf den Atem?

Antwort: Folgen Sie zunächst diesen einfachen Schritten, den »vier Ps«: Platz, Haltung (position), Praxis und Probleme. Finden Sie als Erstes einen passenden Platz, etwa einen Raum, in dem es nicht zu laut ist und Sie möglichst ungestört bleiben. Nehmen Sie als Zweites eine bequeme Sitzhaltung ein. Eine gute Haltung ist mit gekreuzten Beinen, einem Kissen unter dem Gesäß, gerade aufgerichtetem Rücken, mit im Schoß ineinandergelegten Händen und geschlossenen Augen. Als Alternative können Sie auf einem Stuhl sitzen, solange Ihr Rücken gerade aufgerichtet bleibt. Danach kommt die eigentliche Übung. Während Sie mit geschlossenen Augen still sitzen, richten Sie Ihre Aufmerksamkeit auf die Bewegung des ein- und ausströmenden Atems. Sie können dafür die Atemzüge zählen oder das Heben und Senken der Bauchdecke beobachten. Dabei können gewisse Probleme und Schwierigkeiten auftreten. Zum Beispiel verspüren Sie am Körper einen lästigen Juckreiz oder Unbehagen in den Knien. Wenn das geschieht, dann versuchen Sie, den Körper wieder zu entspannen, ohne ihn zu bewegen, und konzentrieren sich weiterhin auf den Atem. Wahrscheinlich tauchen viele störende Gedanken in Ihrem Geist auf und ziehen Ihre Aufmerksamkeit vom Atem ab. Die einzige Art, damit umzugehen, ist, Ihre Aufmerksamkeit immer wieder mit freundlicher Geduld dem Atem zuzuwenden. Wenn Sie so dabei bleiben, lassen die Gedanken schließlich nach, Ihre Konzentration wird stärker und Sie werden Momente tiefer innerer Ruhe und inneren Friedens erleben.

Frage: Wie lange sollte man meditieren?
Antwort: Es ist gut, für eine Woche täglich 15 Minuten lang zu meditieren und dies danach um fünf Minuten pro Woche zu verlängern, bis man bei 45 Minuten angelangt ist. Nach wenigen Wochen täglicher, regelmäßiger Meditation werden Sie bemerken, dass Ihre Konzentration besser wird.

Frage: Und wie praktiziert man Liebende-Güte-Meditation?
Antwort: Sobald man mit der Achtsamkeit auf den Atem vertraut ist und sie regelmäßig übt, kann man mit der Liebenden-Güte-Meditation beginnen. Man sollte sie zwei- bis dreimal pro Woche nach einer Atem-Achtsamkeitsübung machen. Zunächst wenden Sie Ihre Achtsamkeit sich selbst zu und sagen zu sich etwa: »Möge ich zufrieden und glücklich sein. Möge ich friedlich und ruhig sein. Möge ich beschützt sein vor Gefahren. Möge mein Geist frei von Hass sein. Möge mein Herz von Liebe erfüllt sein. Möge ich zufrieden und glücklich sein.« Danach denken Sie nacheinander an eine geliebte Person, an eine für Sie neutrale Person, das heißt an jemanden, den Sie weder mögen noch ablehnen, und zuletzt an eine ungeliebte Person, indem Sie jeder von ihnen das gleiche Wohl wie sich selbst wünschen.

Frage: Was ist der Nutzen dieser Art Meditation?
Antwort: Wenn Sie regelmäßig Liebende-Güte-Meditation und mit der richtigen Einstellung üben, werden Sie bei Ihnen wahrscheinlich sehr positive Veränderungen bemerken. Sie werden feststellen, dass Sie sich selbst mehr annehmen und sich vergeben können. Sie werden sehen, dass Ihre Gefühle für die von Ihnen geschätzten Menschen stärker werden. Auf einmal freunden Sie sich mit Menschen an, die Ihnen vorher gleichgültig waren; Feindseligkeit oder

Groll gegen manche Menschen werden abgeschwächt oder sogar ganz verschwinden. Wenn Sie von jemandem wissen, dass er oder sie krank ist, unglücklich oder in Schwierigkeiten steckt, können Sie ihn oder sie in diese Meditation einschließen und Sie werden beobachten, dass sich seine oder ihre Situation verbessert.

Frage: Wie kann so etwas möglich sein?
Antwort: Ein richtig entfalteter Geist ist ein sehr kraftvolles Instrument. Wenn es uns gelingt, unsere geistige Energie zu sammeln und auf andere zu richten, kann dies eine Wirkung auf sie haben. Vielleicht haben Sie schon einmal eine ähnliche Erfahrung gemacht. Sie befinden sich zum Beispiel in einem Raum mit vielen Menschen und haben plötzlich das Gefühl, dass Sie jemand beobachtet. Sie drehen sich um und, wie erwartet, starrt Sie jemand an. Dabei ist Folgendes geschehen: Sie haben die geistige Energie dieser Person aufgenommen. Liebende-Güte-Meditation funktioniert genauso. Wir projizieren positive geistige Energie auf andere, und das kann sie allmählich beeinflussen.

Frage: Gibt es noch andere Arten von Meditation?
Antwort: Ja. Die letzte und wahrscheinlich wichtigste Art nennt man *Vipassana*. Dieses Wort bedeutet »erkennen« oder »durchschauen« und wird allgemein mit »Einsichtsmeditation« übersetzt.

Frage: Erklären Sie mir bitte, was Einsichtsmeditation ist.
Antwort: Während der Einsichtsmeditation versucht eine Person, einfach nur der Dinge gewahr zu sein, die gerade geschehen, was das auch immer sei, ohne darüber nachzudenken oder darauf zu reagieren.

Frage: Was ist der Zweck davon?
Antwort: Normalerweise reagieren wir auf unsere Erfahrungen, indem wir sie mögen oder nicht mögen oder indem wir ihnen erlauben, Gedanken, Tagträume oder Erinnerungen auszulösen. All diese Reaktionen verzerren oder verschleiern unsere Erfahrung, sodass es uns nicht gelingt, sie richtig zu verstehen. Wenn wir ein nicht-reaktives Bewusstsein entwickeln, beginnen wir zu erkennen, weshalb wir auf die Art denken, sprechen und handeln, wie wir es tun. Mehr Selbsterkenntnis kann auf unser Leben nur eine positive Wirkung haben.

Ein weiterer Vorteil der Praxis von Einsichtsmeditation ist nach einiger Zeit die Entstehung eines gewissen Abstandes zwischen unserer Erfahrung und uns selbst. Dann sind wir in der Lage, statt automatisch und unbewusst auf jeden Reiz oder jede Provokation zu reagieren, einen kleinen Schritt zurückzutreten und uns die Entscheidung zu ermöglichen, ob wir handeln sollen oder nicht und wenn ja, dann wie. So bekommen wir mehr Kontrolle über unser Leben, aber nicht, weil wir einen eisernen Willen entwickeln, sondern einfach, weil wir klarer sehen.

Frage: Ist es dann richtig, wenn ich sage, dass Einsichtsmeditation uns dazu verhilft, bessere und glücklichere Menschen zu sein?
Antwort: Das ist der Anfang, und er ist sehr wichtig. Meditation hat allerdings ein viel höheres Ziel als das. Sobald unsere Übung reift und unser Gewahrsein sich vertieft, beginnen wir zu bemerken, dass unsere Erfahrung etwas eher Unpersönliches ist, dass sie ohne ein »Ich«, das sie stattfinden lässt, passiert, ja dass es nicht einmal ein »Ich« gibt, das sie erlebt. Zu Beginn wird das der Meditierende nur in gelegentlichen, kurzen Momenten bemerken, doch mit der Zeit wird es ihm immer deutlicher.

Frage: Das klingt aber eher erschreckend.

Antwort: Ja, das tut es wohl. Die Menschen können tatsächlich erschrecken, wenn sie zum ersten Mal diese Erfahrung machen. Aber bald tritt an die Stelle der Angst eine tiefe Erkenntnis – die Einsicht, dass sie nicht das sind, wofür sie sich immer gehalten haben. Allmählich wird das Ego immer schwächer, und irgendwann löst es sich ganz auf, ebenso wie das Gefühl von »Ich«, »Mir« oder »Mein«. Genau an diesem Punkt beginnt sich das Leben eines Buddhisten und wohl auch seine ganze Einstellung wirklich zu verändern. Überlegen Sie nur, wie viele persönliche, gesellschaftliche und sogar internationale Konflikte ihren Ursprung im Ego haben, in rassischem oder nationalem Stolz, im Gefühl erlittenen Unrechts, der Demütigung oder der Bedrängnis, und im durchdringenden Schrei: »Das ist meines!«, oder: »Das gehört uns!« Dem Buddha zufolge können echter Frieden und Glück nur gefunden werden, wenn wir unsere wahre Identität herausfinden. Das nennt man Erleuchtung.

Frage: Das ist eine sehr einleuchtende Idee, aber zugleich ist sie auch ziemlich alarmierend. Denn wie soll das Leben eines erleuchteten Menschen ohne Gefühl eines Selbst oder von Besitz funktionieren?

Antwort: Nun, ebenso gut könnte eine erleuchtete Person uns fragen: »Wie können Sie mit einem solchen Gefühl eines Selbst leben? Wie halten Sie all diese Unannehmlichkeiten wie Angst, Eifersucht, Kummer und Stolz aus, ihre eigenen wie die anderer Menschen? Werden Sie nicht krank von dieser endlosen Jagd nach immer mehr, von dem Bedürfnis, immer besser zu sein als Ihr Nächster oder ihn zu überholen, von dem quälenden Gefühl, alles verlieren zu können?« Wie es aussieht, kommen erleuchtete Personen mit ihrem Leben ganz gut zurecht. Es sind die unerleuchteten Menschen, Sie und ich, die all die Probleme haben und sie alle verursachen.

Frage: Ich verstehe, was Sie meinen. Aber wie lange muss man meditieren, bis man erleuchtet wird?
Antwort: Es ist unmöglich, das zu sagen, und vielleicht ist es auch nicht wichtig. Warum beginnen Sie nicht zu meditieren und schauen, wohin es Sie führt? Wenn Sie mit Ehrlichkeit und Vernunft praktizieren, werden Sie wahrscheinlich herausfinden, dass sich Ihre Lebensqualität bedeutend verbessert. Irgendwann wollen Sie dann die Meditation und den Dhamma genauer ergründen. Später kann es zur wichtigsten Sache in Ihrem Leben werden. Spekulieren oder sorgen Sie sich nicht über die höheren Stufen des Weges, noch bevor Sie die Reise überhaupt angetreten haben. Machen Sie einen Schritt nach dem anderen.

Frage: Brauche ich einen Meditationslehrer?
Antwort: Ein Lehrer ist nicht absolut notwendig, aber persönliche Anleitung durch jemanden, der mit Meditation vertraut ist, ist sicher hilfreich. Leider fühlen sich manche Ordinierte oder auch Laien zu Meditationslehrern berufen, ohne zu wissen, was sie eigentlich tun. Suchen Sie sich einen Lehrer, der einen guten Ruf und eine ausgeglichene Persönlichkeit hat und der den Lehren des Buddha genau folgt.

Frage: Ich habe gehört, dass Meditation unter Psychiatern und Psychologen heute weit verbreitet ist. Stimmt das?
Antwort: Ja, das stimmt. Mittlerweile ist die hohe therapeutische Effizienz der Meditation anerkannt. Sie wird von vielen professi-

onellen Therapeuten eingesetzt, um die Einübung von Entspannung, die Überwindung von Phobien und die Entwicklung von Selbstbewusstsein der Patienten zu unterstützen. Die Einsichten des Buddha in den menschlichen Geist helfen den Menschen heute genauso, wie sie es in früheren Zeiten getan haben.

7. Weisheit und Mitgefühl

Frage: Bei den Buddhisten wird oft über Weisheit und Mitgefühl gesprochen. Was bedeuten diese beiden Begriffe?
Antwort: Für viele Religionen gelten Mitgefühl und Liebe (die beiden sind einander sehr ähnlich) als die wichtigsten spirituellen Qualitäten, aber der Weisheit schenken sie keine Beachtung. Dabei können Sie es zu einem gutmütigen Narren bringen, als sehr nette Person von geringer bis völlig fehlender Einsicht enden. Andere Denksysteme wie die Wissenschaften glauben, dass Weisheit nur dann entwickelt werden könne, wenn alle Emotionen, einschließlich des Mitgefühls, vermieden werden. Die Konsequenz ist, dass sich Wissenschaft vorwiegend um praktische Ergebnisse kümmert und vergessen hat, dass sie dazu da ist, den Menschen zu dienen und nicht dazu, sie zu kontrollieren und zu beherrschen. Wie sonst wäre es möglich gewesen, dass Wissenschaftler ihre Fähigkeiten dazu verwendet haben, die Atombombe, bakteriologische Kriegsführung und Ähnliches zu entwickeln? Der Buddhismus lehrt, dass man sowohl Weisheit als auch Mitgefühl entfalten muss, um echte Ausgeglichenheit und individuelle Vollendung zu erlangen.

Frage: Was ist dann Weisheit nach der buddhistischen Lehre?
Antwort: Die höchste Weisheit ist die Erkenntnis, dass alle Erscheinungen des Daseins unvollkommen, unbeständig und ohne Selbst sind. Diese Einsicht ist völlig befreiend und führt zu jener großen Geborgenheit und Seligkeit, die man Nirvana nennt. Der

Buddha hat allerdings nicht allzu viel über diese Stufe der Weisheit gesprochen. Es ist keine Weisheit, wenn wir einfach glauben, was uns gesagt wird. Als wahre Weisheit gilt das unmittelbare Sehen und Verstehen. Auf dieser Ebene bedeutet Weisheit eher einen offenen Geist im Unterschied zu geistiger Verschlossenheit, anderen Standpunkten zuzuhören statt fanatisch zu sein; Tatsachen, die unserem Glauben widersprechen, genau zu untersuchen statt unseren Kopf in den Sand zu stecken; eher nach Objektivität zu streben als Vorurteile zu fördern; sich für die Meinungsbildung Zeit zu lassen statt die erstbeste oder emotionalste Lösung zu akzeptieren. Weisheit ist, immer bereit zu sein, unsere Überzeugung zu ändern, sobald uns Fakten, die ihr widersprechen, unterbreitet werden. Ein Mensch, der so handelt, ist gewiss weise und kann sicher sein, eines Tages wahre Erkenntnis zu erlangen. Der Weg, einfach zu glauben, was man gesagt bekommt, ist leicht. Der buddhistische Weg erfordert Mut, Geduld, Flexibilität und Intelligenz.

Frage: Ich denke, das können nur wenige Menschen. Was hat der Buddhismus dann für einen Sinn, wenn er nur von wenigen praktiziert werden kann?

Antwort: Es stimmt, dass noch nicht jedermann für die Wahrheiten des Buddhismus bereit ist. Wenn man aber jetzt noch nicht in der Lage ist, die Lehren des Buddha zu verstehen, könnte man ja im nächsten Leben reif dafür sein. Wie auch immer, es gibt viele, denen die richtigen Worte und etwas Ermutigung helfen, ihre Erkenntnisfähigkeit zu steigern. Aus diesem Grund sind Buddhisten auch behutsam und unauffällig darum bemüht, die Einsichten des Buddhismus mit anderen zu teilen. Der Buddha hat uns aus Mitgefühl gelehrt, wir sollten das ebenso für andere tun.

Frage: Was ist nach dem Buddhismus Mitgefühl?

Antwort: So wie Weisheit die intellektuelle oder verstehende Seite unserer Natur abdeckt, so deckt das Mitgefühl die emotionale, gefühlsmäßige Seite ab. Wie Weisheit ist auch Mitgefühl eine besondere menschliche Qualität. Das Wort Mitgefühl besteht aus zwei Komponenten: aus mit- (com-) im Sinne von »zusammen«, und Gefühl (passion) im Sinne eines starken Gefühls. Und darum handelt es sich bei Mitgefühl auch. Wenn wir andere in ihrer Bedrängnis sehen, ihren Schmerz wie unseren eigenen empfinden und uns darum bemühen, ihn zu beheben oder zu lindern, dann ist das Mitgefühl. Das Beste in menschlichen Wesen, alle Buddha ähnlichen Eigenschaften wie Teilen, die Bereitschaft Wohlbefinden zu geben, Sympathie, Betroffenheit und Anteilnahme – in all diesem äußert sich Mitgefühl.

Sie werden auch sehen, dass Liebe und Sorge für andere bei einer mitfühlenden Person ihren Ursprung in der Liebe und Sorge für sich selbst haben. Wir können andere dann am besten verstehen, wenn wir uns selbst wirklich verstehen. Wenn wir wissen, was für uns das Beste ist, dann wissen wir das auch für andere. Wir können für andere fühlen, wenn wir für uns selbst fühlen können. Im Buddhismus erblüht spirituelle Entwicklung ganz natürlich in der Anteilnahme und der Sorge um das Wohlergehen anderer.

Das Leben des Buddha macht dieses Prinzip sehr deutlich. Er verbrachte sechs Jahre in der Bemühung um sein eigenes Wohlergehen, danach konnte er zum Wohle der gesamten Menschheit wirken.

Frage: Damit wollen Sie wohl sagen, dass wir anderen am besten dann helfen, wenn wir uns selbst geholfen haben. Ist das nicht etwas selbstsüchtig?

Antwort: Im Altruismus, der Sorge um andere vor der Sorge um sich selbst, sehen wir im Allgemeinen das Gegenteil von Selbstsucht, der Sorge um sich selbst vor jener für andere. Im Buddhismus wird weder das eine noch das andere bevorzugt, sondern eher beides miteinander verschmolzen. Echte Selbstliebe wird allmählich zur Anteilnahme an anderen reifen, weil man erkennt, dass andere eigentlich dasselbe sind wie man selbst. Das ist echtes Mitgefühl. Wenn man die Lehre des Buddha als Krone sieht, dann ist Mitgefühl ihr schönstes Juwel.

Frage: Sie haben gesagt, dass sich Mitgefühl und Liebe ähneln. Wie unterscheiden sie sich?

Antwort: Vielleich ist es besser zu sagen, dass sie verwandt sind. Das Wort »Liebe« kann verwendet werden, um ein breites Spektrum an Gefühlen zu beschreiben. Wir können unseren Ehepartner lieben, unsere Eltern, unsere Kinder, unsere besten Freunde und unsere Nachbarn. Zweifellos unterscheiden sich alle diese Arten von Gefühlen, aber sie haben genügend Gemeinsamkeiten, die es uns erlauben, für sie alle das eine Wort »Liebe« zu benutzen. Was sind diese gemeinsamen Elemente? Wenn wir andere lieben, suchen wir ihre Nähe, finden sie interessant, sorgen uns um ihr Wohlbefinden; ihre Gewohnheiten oder Eigenschaften, die andere vielleicht irritieren, stören uns nicht; wir müssen uns nicht besonders anstrengen, um ihnen gegenüber rücksichtsvoll zu sein, das ist ganz natürlich für uns. Liebe ist ein Wort für Verbundenheit, Freundlichkeit, Interesse für sie und Rücksicht ihnen gegenüber. Normalerweise fühlen wir das gegenüber denjenigen, die mit uns direkt verbunden sind. Der Buddha empfahl, dass wir versuchen sollten, das gegenüber jedem zu fühlen. Er sagte:

»Wie eine Mutter mit ihrem Leben ihr einziges Kind beschützt und behütet, so möge man für alle Wesen und die ganze Welt unbegrenzte Liebe entfalten.«

Sutta Nipata, Buch I, Nummer 8

Diese »unbegrenzte Liebe« nennt man im Buddhismus *Metta*. Wenn wir jemandem begegnen, der leidet oder in Not ist, wird das Element der Besorgnis in der Liebe vorherrschend und zeigt sich als Mitgefühl. So ist Mitgefühl die Art eines liebenden Geistes, um sich mit denen, die leiden, zu verbinden.

Frage: Ich denke, wenn man freundlich und liebenswürdig ist, dann werden Menschen auf einem herumtrampeln.

Antwort: Das ist durchaus möglich. Aber das kann sogar geschehen, wenn man selbstsüchtig und aggressiv ist, weil es immer Menschen geben wird, die noch gemeiner sind. Es gibt keine Garantien. Während einige Menschen tatsächlich Vorteile aus Ihrer Freundlichkeit ziehen mögen, werden Sie jedoch die meisten Personen schätzen und mit Respekt behandeln. Sie werden immer mehr Freunde und Unterstützer haben als Ausbeuter. Warum sollten Sie sich aber selbst erlauben, so zu werden wie die Menschen, die Sie nicht mögen?

8. Vegetarismus

Frage: Sollten Buddhisten Vegetarier sein?
Antwort: Nicht unbedingt. Der Buddha war kein Vegetarier, er lehrte seine Schüler nicht, Vegetarier zu sein, und auch heute gibt es viele gute Buddhisten, die nicht Vegetarier sind. In den buddhistischen Texten heißt es:

»Roh sein, erbarmungslos, verleumden, seinen Freunden schaden,
herzlos sein, arrogant und gierig –
das macht unrein, nicht aber Fleischgenuss.

Unmoralisches Verhalten, Schulden nicht zurückzahlen,
betrügerische Geschäfte, Menschen entzweien –
das macht unrein, nicht aber Fleischgenuss.«

Sutta Nipata, II, 244 / 246

Frage: Aber wenn man Fleisch isst, ist man für das Töten von Tieren verantwortlich. Ist das nicht eine Übertretung der ersten Tugendregel?
Antwort: Sicher ist man indirekt oder teilweise für die Tötung eines Geschöpfes verantwortlich, wenn man Fleisch isst, aber das gleiche gilt, wenn man Gemüse isst. Der Bauer muss seine Feldfrüchte mit giftigen Insektiziden behandeln, damit das Gemüse ohne Schaden auf Ihren Teller kommt. Außerdem sind für die Herstellung eines

Ledergürtels oder einer Handtasche Tiere getötet worden, ebenso für das Fett von Seife und für Hunderte anderer Produkte. Es ist unmöglich zu leben, ohne auf irgendeine Weise indirekt für den Tod anderer Lebewesen verantwortlich zu sein. Das ist nur noch ein weiteres Beispiel für die erste Edle Wahrheit, wonach das normale Dasein Leiden und Ungenügen bedeutet. Wenn man die erste Tugendregel auf sich nimmt, versucht man zu vermeiden, für das Töten von Wesen direkt verantwortlich zu sein.

Frage: Mahayana-Buddhisten essen kein Fleisch.
Antwort: Das stimmt nicht. In China legte der Mahayana-Buddhismus großes Gewicht auf vegetarische Kost, aber die Ordinierten und Laien der Mahayana-Tradition in Japan, der Mongolei und in Tibet essen normalerweise auch Fleisch.

Frage: Ich finde aber trotzdem, dass Buddhisten Vegetarier sein sollten.
Antwort: Wenn jemand strenger Vegetarier wäre, dabei aber selbstsüchtig, unehrlich und gemein, und eine andere Person wäre kein Vegetarier, aber aufmerksam gegenüber anderen, ehrlich, großzügig und freundlich, welcher von beiden wäre der bessere Buddhist?

Frage: Die Person, die ehrlich und freundlich ist.
Antwort: Warum?

Frage: Weil diese Person offensichtlich ein gutes Herz hat.
Antwort: Stimmt genau. Jemand, der Fleisch isst, kann ein gutes Herz haben genauso wie jemand, der kein Fleisch isst, ein unreines Herz haben kann. In den Lehren des Buddha kommt es mehr auf

die Herzensqualität und weniger auf die Ernährung an. Viele Menschen legen großen Wert darauf, niemals Fleisch zu essen, können aber recht sorglos im Umgang mit Selbstsucht, Unehrlichkeit, Grausamkeit oder Eifersucht sein. Sie ändern ihre Ernährung, was leicht fällt, während sie es nicht schaffen, ihr Herz zu ändern, was schwieriger ist. Egal, ob Sie nun Vegetarier sind oder nicht, erinnern Sie sich daran, dass die Läuterung des Geistes das Wichtigste im Buddhismus ist.

Frage: Wäre aber vom buddhistischen Standpunkt aus eine vegetarische Person mit einem guten Herzen besser als eine Person mit gutem Herzen, die Fleisch isst?
Antwort: Wenn das Motiv des gutherzigen Vegetariers für das Vermeiden fleischlicher Nahrung darin bestünde, sich um das Wohl der Tiere zu kümmern und sich nicht an der Grausamkeit der modernen, industriellen Fleischproduktion zu beteiligen, dann hätte er sein Mitgefühl und seine Anteilnahme an anderen durchaus auf ein höheres Niveau gebracht als der gutherzige Fleischesser. Vielen Menschen geht es so, dass sie sich innerhalb ihrer Dhamma-Praxis ganz natürlich und von selbst zu Vegetariern entwickeln.

Frage: Man hat mir erzählt, der Buddha sei vom Genuss verdorbenen Schweinefleischs gestorben. Stimmt das?
Antwort: Nein, das stimmt nicht. Die Schriften erwähnen, dass die letzte Mahlzeit des Buddha aus einem Gericht namens *sukara maddava* bestand. Die Bedeutung dieses Begriffs ist nicht mehr überliefert, aber das Wort sukara steht für Schwein. Er kann sich daher auf ein Schweinegericht, aber genauso gut auf eine Pflanzenart wie auf eine Teigware oder irgendetwas anderes beziehen. Was immer es auch war, die Erwähnung dieser Nahrung hat dazu

geführt, dass manche Menschen glauben, ein bestimmtes Gericht hätte den Tod des Buddha herbeigeführt. Der Buddha war 80 Jahre alt, als er starb, und schon seit einiger Zeit gesundheitlich angeschlagen. Tatsächlich ist er wohl an seinem Alter gestorben.

9. Glück und Schicksal

Frage: Was hat der Buddha zu Magie und Wahrsagerei gelehrt?
Antwort: Praktiken wie Wahrsagerei, das Tragen von Amuletten zum Schutz, das Bestimmen Glück bringender Bauplätze und Tage betrachtete er als nutzlosen Aberglauben. Seinen Schülern hat er ganz ausdrücklich untersagt, solche Dinge zu praktizieren. Er bezeichnete all dies als »niedere Künste«. Er sagte:

> *»Während manche Ordensleute, die von den Nahrungsspenden der Gläubigen leben, mit niederen Künsten und falschen Mitteln wie Handlesen, Zeichen- und Traumdeutung, ... dem Bringen von Glück oder Unglück ... oder dem Auswählen günstiger Bauplätze ihr Leben bestreiten, hält sich der Mönch Gotama von solchen niederen Künsten, solchen falschen Mitteln des Lebenserwerbs fern.«*
>
> Digha Nikaya I, 9-12

Frage: Warum kommt es dann vor, dass manchmal Menschen diese Dinge praktizieren und daran glauben?
Antwort: Aus Gier, Angst und Unwissenheit. Sobald Menschen die Lehren des Buddha verstehen, wird ihnen auch klar, dass ein reines Herz sie viel besser schützt als Wunschzettel, Metallstückchen und das Sprechen von Zaubersprüchen. Dann brauchen sie sich nicht mehr auf solche Dinge zu stützen. Nach den Lehren des Buddha schützen uns tatsächlich Ehrlichkeit, Freundlichkeit, Ein-

sicht, Geduld, Vergebung, Großzügigkeit, Treue und andere gute Eigenschaften und sichern uns wahren Wohlstand.

Frage: Aber so mancher Glücksbringer wirkt doch, oder?
Antwort: Ich kenne jemanden, der sehr gut vom Verkauf von Glücksbringern lebt. Er behauptet, dass sein Zauber Glück und Wohlstand bringe, und verspricht, dass er einen in die Lage versetze, die Lottozahlen vorauszusagen. Aber wenn das, was er sagt, wahr wäre, warum ist er dann nicht selbst Millionär? Wenn seine Glücksbringer tatsächlich funktionieren würden, warum gewinnt er dann nicht jede Woche in der Lotterie? Das einzige Glück, das er hat, ist, dass es genug dumme Menschen gibt, die seine Amulette kaufen.

Frage: Gibt es denn so etwas wie Glück?
Antwort: Das Lexikon definiert Glück als »Glauben, dass alles, ob gut oder schlecht, was einer Person im Laufe ihres Lebens passiert, auf Zufall, Schicksal oder Bestimmung basiert«. Der Buddha hat diesen Glauben völlig abgelehnt. Alles, was geschieht, hat einen oder mehrere spezifische Ursachen, und Ursache und Wirkung müssen in Beziehung zueinander stehen. Zum Beispiel gibt es spezielle Gründe dafür, krank zu werden. Jemand muss mit Keimen in Kontakt kommen und sein Körper schwach genug sein, damit sie sich in ihm ausbreiten können. Es gibt einen bestimmten Zusammenhang zwischen der Ursache (Keime und ein geschwächter Körper) und der Wirkung (Krankheit), denn wir wissen, dass Keime Organismen angreifen und Krankheiten auslösen können. Aber es ist zwischen dem Tragen eines Papierzettels mit darauf geschriebenen Worten und Reichtum oder bestandenen Prüfungen keine Beziehung zu erkennen. Dem Buddhismus zufolge ge-

schieht alles, was auch immer es ist, aufgrund einer oder mehrerer Ursachen und nicht auf der Basis von Glück, Zufall oder Schicksal. Menschen, die sich für Glück interessieren, versuchen ständig etwas zu bekommen – meistens mehr Geld und mehr Reichtum. Der Buddha lehrt uns, dass es viel wichtiger ist, unser Herz und unseren Geist zu entwickeln. Er sagte:

»Reich sein an Wissen und an Können,
die Sittenregel gut geübt,
nur wohlgesprochene Worte reden,
– das, wahrlich, ist das höchste Heil.
Den Eltern jede Hilfe geben,
Fürsorglichkeit für Frau und Kind,
Beschäftigung, die ruhig und geordnet,
– das, wahrlich, ist das höchste Heil.
Freigebigkeit und rechtschaffen leben,
Fürsorglichkeit für die Verwandten,
Beschäftigung von tadelfreier Art,
– das, wahrlich, ist das höchste Heil.
Von Schlechtem abstehen, sich enthalten,
berauschendes Getränk vermeiden,
in allem Guten unermüdlich sein,
– das, wahrlich, ist das höchste Heil.
Ein Herz voll Ehrfurcht und voll Demut,
zufriedenes und dankbares Gemüt,
zur rechten Zeit der Lehre lauschen,
– das, wahrlich, ist das höchste Heil.«

Sutta Nipata, II, 4, 261-265

10. Mönche und Nonnen

Frage: Die monastische Institution ist wohl sehr wichtig im Buddhismus. Welchen Zweck haben Mönche und Nonnen, und was wird von ihnen erwartet?

Antwort: Bei der Begründung des Mönchs- und Nonnenordens wollte der Buddha eine Umgebung schaffen, in der spirituelle Entwicklung leichter möglich sein würde. Die Gemeinschaft der Laien deckt die grundlegenden Bedürfnisse der Mönche und Nonnen – Nahrungsmittel, Kleidung, Unterkunft und medizinische Versorgung – ab, damit diese ihre Zeit dem Studium und der Praxis des Dhamma widmen können. Der geordnete und einfache Lebensstil im Kloster fördert inneren Frieden und die Meditation. Im Gegenzug wird erwartet, dass Mönche und Nonnen ihr Wissen an die Gemeinde weitergeben und als Vorbilder für gute buddhistische Lebensführung fungieren. In der heutigen Praxis ist diese grundlegende Aufgabe oft weit über das, was der Buddha ursprünglich beabsichtigt hat, hinaus erweitert worden. Manchmal arbeiten Mönche und Nonnen heutzutage auch als Schullehrer, Sozialarbeiter, Künstler, Ärzte und sogar als Politiker. Manche vertreten dabei die Meinung, dass das Annehmen solcher Rollen der Verbreitung des Buddhismus förderlich sei. Andere geben zu bedenken, dass Mönche und Nonnen durch die Ausübung solcher Funktionen allzu leicht in weltliche Angelegenheiten verwickelt werden und somit den eigentlichen Grund ihres Klostereintritts aus den Augen verlieren könnten.

Frage: Welche Art Mensch wird Mönch oder Nonne?

Antwort: Die meisten Menschen haben verschiedene Interessen in ihrem Leben – Familie, Karriere, Hobbys, Politik, Religion und viele weitere. Eines dieser Interessen ist am wichtigsten, gewöhnlich Familie oder Karriere, während andere weniger bedeutsam sind. Wenn das Studium und die Praxis der Lehre des Buddha am wichtigsten im Leben eines Menschen werden und vor allem anderen Vorrang hat, dann ist diese Person wahrscheinlich daran interessiert, Mönch oder Nonne zu werden.

Frage: Muss man Mönch oder Nonne sein, um die Erleuchtung zu erlangen?

Antwort: Natürlich nicht. Einige der vollendetsten Schüler des Buddha waren Männer und Frauen aus dem Laienstand. Manche von ihnen waren spirituell so weit entwickelt, dass sie Mönche belehren konnten. Im Buddhismus ist der Grad des Verständnisses am wichtigsten, und der hängt nicht davon ab, ob man eine gelbe Robe oder eine Blue Jeans trägt, in einem Kloster oder im eigenen Haushalt lebt.

Manche mögen in einem Kloster mit all seinen Vor- und Nachteilen die beste Umgebung für spirituelles Wachstum finden. Für andere mag ihr Zuhause mit all seinen Freuden und Sorgen am besten geeignet sein. Es ist für jeden verschieden.

Frage: Warum tragen buddhistische Mönche und Nonnen eine gelbe Robe?

Antwort: Die alten Inder konnten beim Anblick der Bäume im Dschungel immer sagen, welche Blätter bald abfallen würden, weil sie sich gelb, orange oder braun verfärbten. Folglich wurde Gelb in Indien zur Farbe der Entsagung. Die Roben der Mönche und Nonnen sind gelb, damit sie sich ständig an die Bedeutung des Nicht-Anhaftens, des Loslassens, des Aufgebens erinnern können.

Frage: Wozu müssen sich Mönche und Nonnen den Kopf rasieren?
Antwort: Normalerweise kümmern wir uns sehr um unsere äußere Erscheinung, besonders um unsere Haare. Frauen ist eine gute Frisur sehr wichtig, und Männer machen sich Sorgen, wenn sie eine Glatze bekommen. Unsere Haarpflege kann sehr viel Zeit in Anspruch nehmen. Wenn sich Mönche und Nonnen die Köpfe rasieren, verschaffen sie sich mehr Zeit für die Dinge, um die es wirklich geht. Ein kahl geschorener Kopf steht daher auch dafür, dass man dem inneren Wandel größere Aufmerksamkeit schenkt als der äußeren Erscheinung.

Frage: Mönch oder Nonne zu werden, ist ja gut und schön, aber was würde passieren, wenn jeder Mönch beziehungsweise Nonne werden würde?
Antwort: Dieselbe Frage könnte man zu jeder anderen Art von Berufung stellen. »Zahnarzt zu werden, ist ja schön und gut, aber was passiert, wenn alle Zahnarzt werden wollen? Es gäbe dann keine Lehrer, keine Köche, keine Taxifahrer.« Und weiter: »Lehrer zu werden, ist ja schön und gut, aber was ist, wenn alle Lehrer werden wollen? Dann gäbe es keine Zahnärzte und so weiter.« Der Buddha hat nicht gewollt, dass jeder Mönch oder Nonne wird, und das wird auch sicher nie geschehen.

Es wird aber immer Menschen geben, die sich von einem Leben in Einfachheit und Entsagung angezogen fühlen und die Freude an den Lehren des Buddha über alles andere stellen. Und wie Zahnärzte oder Lehrer haben sie ein besonderes Wissen und Fähigkeiten entwickelt, die der Gemeinschaft, in der sie leben, gute Dienste leisten können.

Frage: Das mag auf jene, die lehren, Bücher schreiben oder Sozialarbeit leisten, zutreffen. Aber was ist mit den Mönchen und Nonnen, die nichts anderes tun als zu meditieren? Wofür dienen sie in ihrer Gemeinschaft?

Antwort: Sie können einen meditierenden Mönch mit einem wissenschaftlichen Forscher vergleichen. Die Gesellschaft unterstützt einen wissenschaftliche Forscher, der im Laboratorium sitzt und Versuche durchführt, weil sie hofft, dass er letztlich etwas entdecken oder erfinden wird, was dem Allgemeinwohl dienen kann. Auf ähnliche Weise unterstützt eine Gemeinschaft einen meditierenden Mönch (dessen Bedürfnisse vergleichsweise äußerst gering sind), weil sie hofft, dass er Weisheit und Einsichten erlangt, von denen die Allgemeinheit profitieren kann. Doch schon davor, egal ob das nun eintritt oder nicht, bringt der meditierende Mönch Vorteile für die anderen. In einigen modernen Gesellschaften wird der »Lifestyle der Reichen und Berühmten« mit seinen Extravaganzen, dem prestigeträchtigen Konsum und seiner Maßlosigkeit als Ideal hochgehalten oder beneidet. Das Beispiel eines meditierenden Mönchs oder einer meditierenden Nonne erinnert uns daran, dass man nicht reich sein muss, um zufrieden zu sein. Es zeigt uns, dass eine bescheidene und einfache Lebensart auch ihre Vorteile hat.

Frage: Ich habe gehört, dass es keine buddhistischen Nonnen mehr gibt. Ist das wahr?

Antwort: Der Buddha hat den Nonnenorden noch zu seinen Lebzeiten gegründet. Während fünf- bis sechshundert Jahren haben Nonnen bei der Verbreitung und Entwicklung des Buddhismus eine wichtige Rolle gespielt. Aber aus noch ungeklärten Gründen haben sie nie den gleichen Respekt wie Mönche genossen oder die gleiche Unterstützung erhalten. In Indien und Südostasien starb ihr Orden aus. In Taiwan, Korea und Japan dagegen blühte der Nonnenorden weiter. Heute hat man in Sri Lanka Schritte unternommen, um den Nonnenorden aus Taiwan zurückzuholen und wieder zu einzuführen, obwohl einige Traditionalisten davon nicht sehr begeistert sind. Ungeachtet dessen ist es richtig, die ursprünglichen Absichten des Buddha zu respektieren, indem man dafür sorgt, dass Frauen genauso wie Männer die Möglichkeit haben, im Kloster zu leben und davon zu profitieren.

11. Die buddhistischen Schriften

Frage: Fast alle Religionen haben eine Art heiliger Schrift oder Bibel. Welches heilige Buch hat der Buddhismus?
Antwort: Die buddhistische heilige Schrift nennt man *Tipitaka*. Sie ist in Pali geschrieben, einer altindischen Sprache, die der vom Buddha selbst gesprochenen Sprache sehr nahe steht. Der Tipitaka ist ein sehr umfangreiches Werk. Die englische Übersetzung besteht aus nahezu 40 Bänden.

Frage: Was bedeutet der Begriff Tipitaka?
Antwort: Er besteht aus den zwei Worten *ti* für »drei« und *pitaka* für »Körbe«. Der erste Teil des Namens bezieht sich darauf, dass die buddhistischen Schriften aus drei Komponenten bestehen. Der erste »Korb« beziehungsweise die erste Komponente, *Sutta Pitaka* genannt, enthalt alle Lehrreden des Buddha, einschließlich einiger seiner erleuchteten Schüler. Die Art des Stoffes im Sutta Pitaka ist sehr unterschiedlich, was die Weitergabe der Wahrheiten, die vom Buddha gelehrt wurden, für verschiedene Arten von Menschen erleichtert. Viele dieser Lehrreden des Buddha sind in Form von Predigten gehalten, während andere Dialogform haben. Andere Teile wie etwa die *Dhammapada* übermitteln die Lehren des Buddha in poetischer Versform. Die *Jatakas*, um ein weiteres Beispiel zu nennen, bestehen aus unterhaltsamen Geschichten, deren Hauptfiguren oft Tiere sind.

Die zweite Abteilung des Tipitaka ist der *Vinaya Pitaka*. Er enthält das Regelwerk für Mönche und Nonnen, Anweisungen für die klösterliche Verwaltung und die frühe Geschichte des Ordens. Die letzte Abteilung wird *Abhidhamma Pitaka* genannt. Hier liegt ein komplexer und ausgeklügelter Versuch vor, alle Bestandteile des menschlichen Geistes analytisch zu klassifizieren. Obwohl das Abidhamma etwas später entstand als die beiden ersten Abteilungen des Tipitaka, enthält es nichts, was ihnen widerspricht.

Was das Wort *pitaka* betrifft, so geht es auf ein System der Antike zurück, bei dem im alten Indien Bauarbeiter ihre Materialien in Körben von einem Platz zum nächsten weiterleiten konnten. Sie stellten den Korb auf ihren Kopf, gingen damit eine bestimmte Strecke zum nächsten Arbeiter, der ihn übernahm und diesen Vorgang wiederholte. In der Zeit des Buddha war die Schrift schon bekannt, wurde als Medium aber als weniger verlässlich eingeschätzt als das menschliche Gedächtnis. Ein Buch konnte in der Feuchtigkeit des Monsuns verrotten oder von Ameisen zerfressen werden, während das Gedächtnis einer Person ein Leben lang halten konnte. Daher lernten Mönche und Nonnen alle Lehrreden des Buddha auswendig und gaben sie einander weiter, genauso, wie die Bauarbeiter einander Erde und Ziegel in Körben weitergaben. Deshalb werden die drei Komponenten der buddhistischen Schriften als Körbe bezeichnet. Nachdem sie auf diese Weise über mehrere Jahrhunderte hindurch überliefert worden waren, wurde der Tipitaka schließlich um etwa 100 vor unserer Zeitrechnung in Sri Lanka niedergeschrieben.

Frage: Wenn die Schriften über einen so langen Zeitraum hinweg nur mündlich überliefert worden sind, müssen sie ziemlich unzuverlässig sein. Viele Lehren des Buddha können verloren gegangen oder verändert worden sein.

Antwort: Die Erhaltung der Schriften beruht auf vereinten Anstrengungen der Mönchs- und Nonnengemeinschaften. Sie trafen einander in regelmäßigen Abständen, um miteinander einzelne Teile oder den gesamten Tipitaka zu rezitieren. Dadurch war es so gut wie unmöglich, irgendetwas hinzuzufügen oder zu verändern. Stellen Sie es sich so vor: Wenn eine Gruppe von 100 Menschen ein Lied auswendig kann, was passiert, während sie es miteinander singen, wenn einer einen Vers falsch verstanden hat oder versucht, einen neuen Vers einzufügen? Allein die Zahl derjenigen, die das Lied richtig können, wird andere daran hindern, irgendetwas zu ändern. Es ist auch wichtig, sich vor Augen zu halten, dass es damals weder Fernsehen noch Zeitungen oder Werbung gegeben hat, um den Geist zu zerstreuen oder voll zu stopfen. Zusammen mit dem Umstand, dass Mönche und Nonnen meditiert haben, war das der Grund für das extrem gute Gedächtnis dieser Menschen. Sogar heute noch, lange nachdem man begonnen hat, Bücher zu benutzen, gibt es weiterhin Mönche, die den gesamten Tipitaka auswendig können. Der Mönch Mengong Sayadaw aus Burma zum Beispiel kann es und ist darum im Guinness Buch der Rekorde als der Mensch mit dem besten Gedächtnis der Welt verzeichnet.

Frage: Wie wichtig sind die Schriften für Buddhisten?
Antwort: Der Tipitaka wird von den Buddhisten nicht als heilige, unfehlbare Offenbarung Gottes angesehen, der sie Wort für Wort glauben müssen. Er dokumentiert eher die Lehre eines großen Menschen, die Erklärungen, Rat, Anleitung und Ermutigung anbietet und mit Aufmerksamkeit und Respekt gelesen werden sollte. Wir sollten bemüht sein, die im Tipitaka überlieferte Lehre zu verstehen und nicht nur zu glauben, was drin steht; daher sollte das, was der Buddha sagt, immer an unserer Erfahrung geprüft werden.

Man könnte sagen, dass die Einstellung eines gebildeten Buddhisten gegenüber den Schriften mit der eines Wissenschaftlers gegenüber Forschungsberichten in einer wissenschaftlichen Publikation vergleichbar ist. Ein Wissenschaftler führt ein Experiment durch und publiziert die Ergebnisse und Schlüsse danach in einer Fachzeitschrift. Andere Wissenschaftler werden den Bericht lesen, ihn respektieren, ihm aber keine Gültigkeit oder Autorität zugestehen, solange sie dasselbe Experiment nicht auch durchgeführt haben und zu den gleichen Ergebnissen gekommen sind.

Frage: Sie haben vorhin die Dhammapada erwähnt. Was ist das?
Antwort: Die Dhammapada ist eines der kürzesten Werke in der ersten Abteilung des Tipitaka. Der Name könnte mit »Weg der Wahrheit« oder »Verse der Wahrheit« übersetzt werden. Sie besteht aus 423 Versen, manche davon prägnant, manche tiefgründig, manche mit einleuchtenden Gleichnissen, andere von außerordentlicher Schönheit, und alle stammen vom Buddha. Daher ist die Dhammapada auch das beliebteste Werk der buddhistischen Literatur. Sie ist in die meisten wichtigen Sprachen übersetzt worden und gilt als eines der Meisterwerke religiöser Weltliteratur.

Frage: Jemand hat mir gesagt, man solle niemals ein Exemplar der Schriften auf den Boden legen oder unter den Arm klemmen, sondern immer an einem erhöhten Platz aufbewahren. Stimmt das?
Antwort: Bis vor kurzem waren Bücher in buddhistischen Ländern ebenso wie im mittelalterlichen Europa seltene und sehr wertvolle Objekte. Deshalb wurden Schriften immer mit großem Respekt behandelt; und der Brauch, den Sie soeben erwähnt haben, ist ein Beispiel dafür. Obwohl gegen Sitten und traditionelle Praktiken

prinzipiell nichts einzuwenden ist, würden sich heutzutage die meisten Menschen darauf einigen, dass die beste Art, buddhistische Schriften zu respektieren, darin besteht, die sie enthaltenen Lehren zu praktizieren.

Frage: Es fällt mir nicht leicht, buddhistische Schriften zu lesen. Sie scheinen mir zu lang, voller Wiederholungen und überhaupt langweilig zu sein.

Antwort: Wenn wir ein religiöses Buch öffnen, erwarten wir Worte der Begeisterung, der Freude oder des Lobes darin zu finden, die uns erheben und inspirieren sollen. Aus diesem Grund ist es gut möglich, dass jemand, der buddhistische Schriften liest, etwas enttäuscht wird. Während einige Lehrreden des Buddha von großem Charme und Schönheit sind, erinnern die meisten jedoch durch Definitionen von Begriffen, sorgsam dargelegten Argumenten, detaillierten Anweisungen über Verhalten oder Meditation und präzise artikulierten Wahrheiten eher an philosophische Abhandlungen. Sie sind dazu angelegt, mehr den Intellekt als die Emotionen anzusprechen. Sobald wir es aufgeben, buddhistische Texte mit den Schriften anderer Religionen zu vergleichen, werden wir ihre eigene Schönheit erkennen – die Schönheit von Klarheit, Tiefe und Weisheit.

Frage: Ich habe gelesen, dass die buddhistischen Schriften ursprünglich auf Palmblätter geschrieben wurden. Warum wurde dies getan?

Antwort: Zu der Zeit, als die Texte aufgeschrieben wurden, gab es in Indien oder Sri Lanka noch kein Papier. Gewöhnliche Dokumente wie Briefe, Verträge, Berichte und Urkunden wurden entweder auf Tierhaut, auf dünne Metallplatten oder Palmblätter geschrieben.

Buddhisten wollten keine Tierhäute verwenden, auf Metallplatten zu schreiben, wäre zu teuer und zu unhandlich gewesen, und so verwendete man eben Palmblätter. Nachdem die Blätter auf besondere Weise präpariert waren, wurden sie mit Schnüren zusammengebunden und zwischen zwei hölzerne Deckel gelegt, waren daher so wie moderne Bücher handlich und relativ haltbar. Als der Buddhismus nach China kam, wurden die Texte auf Seide oder Papier geschrieben. Etwa 500 Jahre danach führte der Bedarf an vielen Kopien der Schriften zur Erfindung des Buchdrucks. Eines der ältesten gedruckten Bücher der Welt ist die chinesische, im Jahr 828 publizierte Übersetzung einer Lehrrede des Buddha.

12. Geschichte und Entwicklung

Frage: Der Buddhismus ist heutzutage die Religion einer großen Anzahl von Menschen in vielen verschiedenen Ländern. Wie ist es dazu gekommen?

Antwort: Innerhalb von 150 Jahren nach dem Tod des Buddha verbreiteten sich seine Lehren schon ziemlich weit im Norden Indiens. Danach konvertierte um 262 vor Christus Asoka Mauriya, Indiens damaliger Herrscher, zum Buddhismus und verbreitete den Dhamma in seinem ganzen Reich. Viele Menschen waren vom hohen ethischen Niveau des Buddhismus angezogen, besonders von seinem Gegensatz zum hinduistischen Kastensystem. Asoka berief auch ein großes Konzil ein und sandte danach Mönche zur Mission in die benachbarten Staaten und sogar bis nach Europa aus.

Die erfolgreichste dieser Missionen war jene nach Sri Lanka. Die Insel wurde buddhistisch und ist es bis heute geblieben. Andere Missionen brachten den Buddhismus ins südliche und ins westliche Indien, nach Kaschmir und dorthin, was heute als das südliche Burma und die thailändische Halbinsel bekannt ist. Ungefähr ein Jahrhundert später wurden Afghanistan und die Bergregionen Nordindiens buddhistisch. Die Mönche und Händler von dort brachten diese Religion allmählich nach Zentralasien und schließlich nach China, von wo sie sich später nach Korea und Japan ausbreitete. Sehr bemerkenswert ist, dass der Buddhismus wirklich das einzige fremde Denkmodell war, das sich je hat in China verwurzeln können. Aufgrund der Bemühungen einiger Mönche aus Sri Lanka war der Buddhismus etwa im 12. Jahrhundert zur vorherrschenden Religion in Burma, Thailand, Laos und Kambodscha geworden.

Frage: Wie und wann ist Tibet buddhistisch geworden?
Antwort: Etwa im 8. Jahrhundert sandte der König von Tibet einen Botschafter mit dem Auftrag nach Indien, Mönche und buddhistische Schriften in sein Land zu bringen. Der Buddhismus kam an, wurde aber zum Teil wegen des Widerstandes der einheimischen Bön-Priester nicht zur Hauptreligion. Schließlich konnte sich die Religion fest etablieren, als im 11. Jahrhundert eine größere Anzahl indischer Mönche und Lehrer nach Tibet kam. Seither ist Tibet eines der am stärksten buddhistisch geprägten Länder gewesen.

Frage: Der Buddhismus hat sich offenbar sehr weit verbreitet.
Antwort: Nicht nur das. Nur in sehr wenigen Fällen sind durch den Buddhismus andere Religionen, denen er bei seiner Ausbreitung oder bei Feldzügen begegnete, verfolgt worden. Der Buddhismus vertrat immer eine sanftmütige Lebensart und die Idee, Glauben durch Gewalt oder Druck zu erzwingen, ist für Buddhisten abstoßend.

Frage: Welchen Einfluss hatte der Buddhismus auf die Länder, in die er kam?
Antwort: Wenn missionierende Mönche in andere Länder reisten, nahmen sie meistens mehr als nur die Lehren des Buddha mit sich, sie brachten auch einige der besten Errungenschaften der indischen Zivilisation mit. Mönche waren oft medizinisch ausgebildet und führten neue medizinische Ideen in Gebieten ein, wo sie vor-

her nicht existierten. Schrift gab es weder in Sri Lanka, Tibet noch in anderen Regionen Zentralasiens, bevor die Mönche sie dort einführten, und natürlich kamen mit der Schrift neues Wissen und neue Ideen. Die Tibeter und Mongolen waren wilde und unbändige Völker, bevor der Buddhismus kam und sie bändigte und zivilisierte. Wegen des Buddhismus kam selbst in Indien das Opfern von Tieren aus der Mode, und das Kastensystem wurde weniger rigide, zumindest für einige Zeit. Durch die heutige Verbreitung des Buddhismus in Europa und in Amerika beginnt sogar die moderne westliche Psychologie sich von einigen seiner Einsichten in den menschlichen Geist beeinflussen zu lassen.

Frage: Warum ist der Buddhismus in Indien ausgestorben?
Antwort: Bis jetzt hat noch niemand eine befriedigende Erklärung für diese bedauerliche Entwicklung gefunden. Einige Historiker sagen, der Buddhismus sei so korrupt geworden, dass sich die Menschen gegen ihn wandten, andere meinen, dass er zu viele Ideen des Hinduismus aufgenommen habe und allmählich von diesem nicht mehr zu unterscheiden wäre. Nach einer anderen Theorie hätten sich die Mönche in großen, von den Königen un terstützten Klöstern gesammelt und sich dabei von den normalen Menschen entfremdet. Welche Gründe man auch immer anführen mag, so ging der indische Buddhismus im 8. und 9. Jahrhundert bereits ernsthaft zurück. Während der Chaos- und Gewaltzeit der islamischen Invasion Indiens im 13. Jahrhundert ist er dann völlig verschwunden.

Frage: Aber es gibt doch noch ein paar Buddhisten in Indien, oder nicht?
Antwort: Es gibt noch einige, und seit der Mitte des 20. Jahrhun-

derts hat der Buddhismus in Indien tatsächlich wieder zu wachsen begonnen. 1956 konvertierte der Führer der indischen Unberührbaren zum Buddhismus, weil er und seine Anhänger so stark unter dem hinduistischen Kastensystem litten. Seither sind etwa acht Millionen Menschen Buddhisten geworden, und ihre Zahl nimmt ständig zu.

Frage: Wann ist der Buddhismus zum ersten Mal in den Westen gekommen?

Antwort: Die ersten Westler, die Buddhisten wurden, waren wahrscheinlich die Griechen, die nach der Invasion Indiens durch Alexander den Großen im 3. Jahrhundert vor Christus dorthin ausgewandert sind. Eines der wichtigsten buddhistischen Bücher des Altertums, die *Milindapanha*, ist ein Dialog zwischen dem indischen Mönch Nagasena und dem indo-griechischen König Milinda. In jüngerer Zeit hat der Buddhismus angefangen, im Westen Bewunderung und Verehrung auf sich zu ziehen, als einige Gelehrte gegen Ende des 19. Jahrhunderts begonnen haben, buddhistische Schriften zu übersetzen und über den Buddhismus zu schreiben. Im frühen 20. Jahrhundert nannten sich einige Westler selbst Buddhisten, und ein oder zwei von ihnen wurden sogar Mönch. Seit den 60er Jahren hat die Zahl der westlichen Buddhisten ständig zugenommen, und heute bilden sie in den meisten westlichen Ländern eine kleine aber bedeutende Minderheit.

Frage: Können Sie etwas über die verschiedenen Richtungen des Buddhismus sagen?

Antwort: Am Höhepunkt seiner Verbreitung erstreckte sich der Buddhismus von der Mongolei bis zu den Malediven, von Balkh in Afghanistan bis Bali und musste daher Menschen der verschiedensten Kulturen ansprechen. Außerdem hat er sich über viele Jahrhunderte hinweg gehalten und daher die Entwicklungen des sozialen und intellektuellen Lebens nicht nur in sich aufgenommen, sondern sich auch daran angepasst. Daher kam es in der äußeren Form zu großen Unterschieden, während die Essenz des Dhamma überall dieselbe geblieben ist. Heute gibt es drei Hauptrichtungen des Buddhismus: *Theravada*, *Mahayana* und *Vajrayana*.

Frage: Was ist Theravada?
Antwort: Die Bezeichnung Theravada bedeutet »die Lehre der Älteren« und fußt vor allem auf dem Pali-Tipitaka, der ältesten und umfassendsten Überlieferung der Lehre des Buddha. Theravada ist eine eher konservative und klösterliche Form des Buddhismus, die Gewicht auf die Grundlagen des Dhamma legt und zu einer eher einfachen und nüchternen Auffassung neigt. Heutzutage wird Theravada hauptsächlich in Sri Lanka, Burma, Thailand, Laos und Kambodscha praktiziert.

Frage: Was ist Mahayana-Buddhismus?
Antwort: Ungefähr im 1. Jahrhundert vor Christus begann man, die Auswirkungen der Buddhalehren tiefer zu erforschen. Außerdem hatte sich die Gesellschaft weiterentwickelt, was neue und aktuellere Auslegungen der Lehren erforderte. Die vielen Schulen, die aus diesen neuen Entwicklungen und Interpretationen hervorgingen, wurden unter dem Begriff »Mahayana« zusammengefasst, was etwa »der große Weg« bedeutet. Sie beanspruchten für sich, jedermann zugänglich zu sein, nicht nur den Mönchen und Nonnen, die der Welt entsagen. Mahayana wurde schließlich zur vorherrschenden Form des Buddhismus in Indien und wird heute in China, Korea, Taiwan, Vietnam und Japan praktiziert. Manche

Theravada-Buddhisten meinen, Mahayana sei eine Entstellung der Buddhalehren. Die Vertreter des Mahayana halten allerdings dagegen, dass der Buddha Veränderung als eine der grundlegendsten Wahrheiten akzeptierte und ihre Auslegung des Buddhismus genauso wenig eine Verdrehung des Dhamma sei wie eine Eiche die Verdrehung einer Eichel.

Frage: Ich habe oft den Ausdruck *Hinayana* gehört. Was bedeutet dies?

Antwort: Als sich der Mahayana entwickelte, wollte er sich von früheren buddhistischen Schulen unterscheiden und nannte sich deshalb Mahayana, der große Weg, und bezeichnete die früheren Schulen als Hinayana, was »der kleine Weg« bedeutet. Darum gilt Hinayana als ein etwas sektiererischer Ausdruck der Mahayana-Buddhisten für den Theravada.

Frage: Und wie ist es mit dem Vajrayana?

Antwort: Diese Art Buddhismus entstand in Indien während des 6. und 7. Jahrhunderts, zu einer Zeit, als der Hinduismus einen großen Aufschwung erlebte. Als Reaktion darauf wurden auch Buddhisten von einigen Aspekten des Hinduismus beeinflusst, besonders was die Verehrung von Gottheiten und den Einsatz aufwendiger Rituale betrifft.

Im 11. Jahrhundert konnte sich der Vajrayana in Tibet gut etablieren, wo er noch weiterentwickelt wurde. Der Begriff Vajrayana bedeutet »der diamantene Weg«, was sich auf die unzerstörbare Logik beziehen soll, mit der die Vertreter des Vajrayana manche ihrer Ideen begründen und verteidigen. Vajrayana bezieht sich mehr auf den als Tantras bezeichneten Typus der Literatur als auf die traditionellen buddhistischen Schriften. Deshalb nennt man ihn manchmal auch Tantrayana. Derzeit ist der Vajrayana in der Mongolei, Tibet, Ladakh, Nepal, Bhutan und unter den in Indien lebenden Tibetern vorherrschend.

Frage: Das kann alles sehr verwirrend sein. Welche Form soll ich wählen, wenn ich Buddhismus praktizieren möchte?
Antwort: Vielleicht können wir das Ganze mit einem Fluss vergleichen. Wenn Sie zur Quelle des Flusses gingen und dann zu seiner Mündung, so würden sie wahrscheinlich sehr unterschiedlich aussehen. Wenn Sie aber dem Fluss von der Quelle an folgten, mit all seinen Windungen, mit denen er sich seinen Weg durch Hügel und Täler bahnt, über Wasserfälle, vorbei an zahllosen kleinen Zuflüssen, würden Sie schließlich an seine Mündung gelangen und verstehen, warum sie sich derart von der Quelle unterscheidet. Wenn Sie den Buddhismus studieren möchten, dann beginnen Sie mit den frühesten, grundlegenden Lehren – den Vier Edlen Wahrheiten, dem Edlen Achtfachen Pfad, mit dem Leben des historischen Buddha und so weiter. Dann untersuchen Sie, wie und warum diese Lehren und Ideen sich entwickelt haben, und konzentrieren sich schließlich auf die Sichtweise des Buddhismus, die Ihnen am meisten zusagt. Dann wird es Ihnen unmöglich sein zu sagen, dass die Quelle des Flusses der Mündung unterlegen oder die Mündung eine Entstellung der Quelle sei.

13. Buddhist werden

Frage: Was Sie bis jetzt gesagt haben, ist sehr interessant für mich. Wie kann ich Buddhist werden?

Antwort: Es gab einmal einen Mann namens Upali, der von den Lehren des Buddha so beeindruckt war, dass er beschloss, sein Schüler zu werden. Der Buddha sagte ihm aber:

> *»Untersuche sorgfältig, Upali. Es ist gut, wenn so bedeutende Menschen wie du sorgfältig untersuchen.«*
>
> Majjhima Nikaya 56, 16

Im Buddhismus ist Verständnis am wichtigsten, und Verständnis erfordert Zeit, es ist das Endprodukt eines Prozesses. Stürzen Sie sich deshalb nicht impulsiv in den Buddhismus. Nehmen Sie sich Zeit, stellen Sie Fragen, überlegen Sie es sich genau und treffen dann Ihre Entscheidung. Der Buddha war nicht daran interessiert, eine große Anzahl Schüler zu haben. Es war ihm wichtig, dass seine Lehren von Menschen als Ergebnis einer sorgfältigen Prüfung und Abwägung aller Fakten befolgt wurden.

Frage: Wenn ich das getan und gefunden habe, dass ich die Lehre des Buddha annehmen will, was müsste ich dann tun, um Buddhist zu werden?

Antwort: Am besten wäre, sich einer buddhistischen Gruppe anzuschließen, sie zu unterstützen, sich von ihnen unterstützen zu lassen und mehr über die Buddhalehre zu lernen. Wenn Sie dann bereit sind, würden Sie formell Buddhist werden, indem Sie die Dreifache Zuflucht nehmen.

Frage: Was ist die Dreifache Zuflucht?
Antwort: Eine Zuflucht ist ein Ort, den Menschen aufsuchen, wenn sie unter Druck stehen oder Schutz und Sicherheit brauchen. Es gibt viele Arten von Zuflucht. Wenn Menschen unglücklich sind, suchen sie Zuflucht bei Freunden. Der Buddha sagte:

»Doch wenn man zu Buddha, Dhamma
und Sangha Zuflucht nimmt,
wenn man die Vier Edlen Wahrheiten
in rechtem Verstehen klar erkennt:

– Dies ist das Leiden,
dies der Ursprung des Leidens,
dies die Überwindung des Leidens,
dies der Edle Achtfache Pfad,
der zum Erlöschen des Leidens führt –

Solche Zuflucht gibt Frieden,
solche Zuflucht ist die höchste;
solche Zuflucht führt eben
zur Befreiung von allem Leiden.«

Dhammapada, Verse 190-192

Die Zufluchtnahme zum Buddha ist ein vertrauensvolles Annehmen der Möglichkeit, vollständige Erleuchtung und Vollkommenheit wie der Buddha zu erlangen. Zufluchtnahme zum Dhamma bedeutet, die Vier Edlen Wahrheiten zu verstehen und den Edlen Achtfachen Pfad zur Grundlage des eigenen Lebens zu machen. Zufluchtnahme zur Sangha bedeutet, Unterstützung, Inspiration und Führung von jenen anzunehmen, die den Edlen Achtfachen Pfad gehen. Wer das tut, wird Buddhist und macht damit den ersten Schritt auf dem Weg zu Nirvana.

Frage: Was hat sich in Ihrem Leben geändert, nachdem Sie zum ersten Mal die Dreifache Zuflucht genommen haben?
Antwort: Wie zahllose Millionen anderer aus den letzten 2500 Jahren auch habe ich herausgefunden, dass die Lehren des Buddha einer schwierigen Welt Sinn verleihen. Sie gaben einem sinnlosen Leben eine Bedeutung und haben mir eine humane und von Mitgefühl getragene Ethik gegeben, mit der ich lebe, und sie haben mir gezeigt, wie ich einen Zustand der Reinheit und Vollkommenheit für mein nächstes Leben erreichen kann. Ein Dichter des alten Indiens schrieb einmal über den Buddha:

> *»Bei ihm Zuflucht zu nehmen, sein Lob zu singen, ihn zu ehren und sich an sein Dhamma zu halten, heißt, mit Verständnis zu handeln.«*

Mit diesen Worten stimme ich völlig überein.

Frage: Ich habe einen Freund, der immer versucht, mich zu bekehren. Ich bin nicht wirklich an seiner Religion interessiert und habe es ihm auch gesagt, aber er lässt nicht locker. Was soll ich tun?
Antwort: Als Erstes müssen Sie verstehen, dass dieser Mensch nicht wirklich Ihr Freund ist. Ein echter Freund nimmt Sie so an,

wie Sie sind, und respektiert Ihre Wünsche. Ich vermute, diese Person gibt nur vor, Ihr Freund zu sein, damit sie Sie zu ihrer Religion bekehren kann. Wenn Menschen versuchen, Ihnen ihren Willen aufzudrängen, sind sie sicher keine Freunde.

Frage: Aber er sagt, dass er seine Religion mit mir teilen will.
Antwort: Seine Religion mit anderen zu teilen, ist zweifellos eine gute Sache, aber ich vermute, dass Ihr Freund den Unterschied zwischen miteinander teilen und jemandem etwas aufzwingen nicht erkennt. Wenn ich einen Apfel habe, Ihnen die Hälfte anbiete und Sie mein Angebot annehmen, dann habe ich mit Ihnen geteilt. Wenn Sie aber sagen: »Danke, aber ich habe schon gegessen«, und ich bestehe darauf, dass Sie die Hälfte des Apfels nehmen, bis Sie schließlich meinem Druck nachgeben, so kann man da kaum von Teilen sprechen. Menschen wie Ihr »Freund« tarnen ihr schlechtes Benehmen, indem sie es »Teilen«, »Liebe« oder »Zeugnis ablegen« nennen. Aber wie immer sie es auch nennen, ihr Benehmen ist einfach roh, schlecht und selbstbezogen.

Frage: Wie soll ich ihn also stoppen?
Antwort: Das ist einfach. Werden Sie sich zunächst darüber klar, was Sie wollen. Als Zweites teilen Sie ihm das deutlich und kurz mit. Sollte er Ihnen als Drittes noch Fragen stellen wie: »Was glaubst du in dieser Sache?« oder: »Warum möchtest du nicht mit mir zu einem Treffen kommen?«, wiederholen Sie ihm Ihre Meinung auf klare, höfliche und bestimmte Weise: »Danke für die Einladung, aber ich möchte lieber nicht mitkommen.« »Warum nicht?« »Das ist wirklich meine Sache. Ich möchte lieber nicht mitkommen.« »Es werden viele interessante Menschen dort sein.« »Davon bin ich überzeugt, aber ich möchte lieber nicht mitkommen.« »Ich lade

dich ein, weil mir an dir liegt.« »Es freut mich, dass du dich um mich sorgst, aber ich möchte nicht mitkommen.« Wenn Sie sich deutlich, geduldig und hartnäckig wiederholen und sich in keine Diskussion verwickeln lassen, wird er schließlich aufgeben. Es ist ärgerlich, so etwas tun zu müssen, aber die Menschen müssen lernen, dass sie anderen nicht ihren Glauben oder ihre Wünsche aufzwingen können.

Frage: Sollten Buddhisten versuchen, den Dhamma anderen mitzuteilen?

Antwort: Ja, das sollten sie. Wenn Ihnen Menschen zum Buddhismus Fragen stellen, antworten Sie ihnen. Sie können ihnen sogar von den Lehren des Buddha erzählen, ohne dass sie gefragt haben. Wenn sie Sie aber entweder durch ihre Worte oder ihre Handlungen wissen lassen, dass sie nicht interessiert sind, akzeptieren Sie das und respektieren ihre Wünsche. Auch ist es wichtig, sich daran zu erinnern, dass Sie Menschen den Dhamma auf viel effizientere Weise durch Ihre Handlungen als durch Vorträge nahebringen. Zeigen Sie den Menschen den Dhamma, indem Sie immer rücksichtsvoll, freundlich, tolerant, aufrecht und ehrlich sind. Lassen Sie den Dhamma durch Ihre Worte und Ihre Handlungen durchscheinen. Wenn jeder von uns, Sie und ich, den Dhamma genau kennt, ihn vollständig praktiziert und ihn großzügig mit anderen teilt, können wir sowohl für uns als auch für andere von großem Nutzen sein.

14. Aussprüche des Buddha

Weisheit wird durch Tugend geläutert und Tugend läutert sich durch Weisheit. Wo die eine ist, ist immer auch die andere. Ein tugendhafter Mensch hat Weisheit und ein weiser Mensch hat Tugend. Die Verbindung dieser beiden gilt als das Höchste auf der Welt.

Digha Nikaya I, 84

Alle Dinge entstehen im Geist,
sind unseres mächtigen Geistes Schöpfung.
Rede mit reinem Geist, handle mit reinem Geist,
und Glück wird dir folgen,
wie der Schatten dem Körper
folgt und nicht weicht.

Dhammapada, Vers 2

Man möge keine anderen beschuldigen oder irgendjemanden, irgendwo und aus welchem Grund auch immer verachten. Man wünsche jemandem auch kein Leid, weder aus Ärger noch aus Gründen der Rivalität.

Sutta Nipata

Genau wie der Ozean nur einen Geschmack hat, den Geschmack von Salz, so hat dieser Dhamma auch nur einen Geschmack, den Geschmack der Freiheit.

Udana 56

Die Fehler der anderen siehst du mühelos,
doch deine eigenen Fehler siehst du nur schwer;
die Fehler der anderen sonderst du aus,
wie man die Spreu vom Weizen sondert,
doch deine eigenen Fehler versteckst du,
wie ein Falschspieler einen schlechten Wurf.

Wenn du die Fehler der anderen suchst,
und ständig ihre Vergehen anklagst,
so wachsen in dir nur die Geistesgifte an,
und immer weiter entfernst du dich
vom Erlöschen der Triebe.

Dhammapada, Verse 252-253

Wie sich aus einem Berg von Blumen
gar vielerlei Blumengirlanden flechten lassen,
so gestalte aus deinem Leben,
gar vielerlei gute Handlungen.

Dhammapada, Vers 53

Wenn du zu anderen sprichst, kannst du zur richtigen oder zur falschen Zeit reden, den Tatsachen gemäß oder auch nicht, freundlich oder schroff, zur Sache kommend oder nicht, mit einem Geist voller Ablehnung oder voller Liebe.

So sollst du dich üben: »Unser Geist soll nicht verdorben werden, noch wollen wir böse Worte sprechen, sondern mit Freundlichkeit und Mitgefühl, wir wollen mit einem Geist frei von Hass und voller Liebe leben.

Wir füllen zunächst eine Person mit Liebe an und von da aus die ganze Welt, mit einer Liebe, die sich ausbreitet, alles durchdringt, unermesslich ist und völlig frei von Hass und Feindseligkeit.« So sollst du dich üben.

Majjhima Nikaya

An drei Dingen kann man einen weisen Menschen erkennen. Welche drei? Er sieht seine eigenen Fehler, wie sie sind; wenn er sie erkannt hat, versucht er, sie zu korrigieren; wenn andere ihre Fehler zugeben, vergibt er sie ihnen.

Anguttara Nikaya

Höre auf Böses zu tun,
wende dich dem Guten zu,
läutere Herz und Geist:
Dies ist die Lehre des Buddha.

Dhammapada, Vers 183

Lerne das von den Gewässern: Laut rauschend sprudeln kleine Bäche in Bergschluchten und Klüften. Große Flüsse aber fließen ruhig. Leere Dinge machen Geräusche, das Volle ist immer ruhig. Der Narr ist wie ein halb gefüllter Krug, der Weise wie ein tiefer stiller Teich.

Sutta Nipata, 720-721

Selbst wenn gemeine Verbrecher euch mit einer Baumsäge Glied für Glied abtrennten, würdet ihr nicht meine Lehre befolgen, wenn ihr dabei euren Geist mit Hass erfüllt.

Majjhima Nikaya

Du bist nicht deshalb schon ein guter Mensch,
nur weil du so gut reden kannst,
gut ausschaust und von guter Herkunft bist,

wenn du voller Neid, Selbstsucht und Falschheit bist.

Doch wenn du dies alles aufgibst,
abschneidest, mit der Wurzel entfernst,
dich befreist von allem Hass und weise lebst,
dann giltst du wirklich als ein guter Mensch.

Dhammapada, Verse 262-263

Für jemanden, der sich nicht selbst zurückhalten kann, der nicht diszipliniert und zufrieden ist, ist es unmöglich, andere zurückzuhalten, zu disziplinieren oder zufrieden zu stellen.

Wer sich dagegen selbst gebändigt hat, diszipliniert und zufrieden ist, ist sehr wohl in der Lage, anderen zu helfen, damit sie das auch können.

Majjhima Nikaya

Zufriedenheit ist der größte Reichtum.

Dhammapada, Vers 204

Sollten andere mich, den Dhamma oder die Sangha kritisieren, solltest du nicht ärgerlich werden oder es ihnen übelnehmen, weil das die Klarheit deines Urteils trüben würde und du nicht wüsstest, ob das Gesagte richtig war oder falsch. Wenn also andere dies tun, erkläre ihnen, inwiefern ihre Kritik unberechtigt ist, indem du sagst: »Dies ist nicht korrekt. Jenes stimmt nicht. So denken wir nicht. Das machen wir nicht.« Gleichermaßen, wenn andere mich, den Dhamma oder die Sangha loben, solltest du nicht stolz werden und dich aufblasen, weil das die Klarheit deines Urteils trüben würde und du nicht wüsstest, ob das Gesagte richtig war oder falsch. Wenn also andere dies tun, erkläre ihnen, inwiefern ihr Lob berechtigt ist, indem du sagst:

»Dies ist korrekt. Jenes stimmt. So denken wir. Das gibt es bei uns.«

Digha Nikaya

Wenn Worte mit fünf Merkmalen ausgestattet sind, dann sind sie nicht schlecht sondern gut gesprochen, lobenswert und werden von den Weisen gepriesen. Welche fünf? Sie werden zur rechten Zeit gesprochen, sie sind wahrhaftig, mit Freundlichkeit ausgesprochen, sie kommen zur Sache und werden mit Liebe gesprochen.

Anguttara Nikaya

Wie ein tiefer See
klar und unberührt ruht,
so wird auch der Weise
klar, wenn er die Lehre hört.

Dhammapada, Vers 82

Von geringer Bedeutung ist der Verlust solcher Dinge wie Reichtum, aber schrecklich ist es, Weisheit zu verlieren. Von geringer Bedeutung ist der Gewinn solcher Dinge wie Reichtum, aber wunderbar ist es, Weisheit zu erlangen.

Anguttara Nikaya

Über wie viele heilige Texte du auch immer sprichst,
was werden sie dir nützen, wenn du nicht danach handelst?
Du gleichst ja einem Hirten, der eines anderen Kühe zählt,
und hast doch niemals einen Anteil am Weg.

Dhammapada, Vers 19

So wie eine Mutter ihr einziges Kind auch unter Einsatz ihres Lebens beschützt, sollte man zu allen Wesen auf der Welt grenzenloses Wohlwollen entfalten.

Sutta Nipata, I, 8

Wer andere ermahnen will, sollte zunächst so überlegen: »Bin ich jemand, der vollkommene Reinheit beim Handeln und beim Reden praktiziert oder nicht? Sind diese Eigenschaften in mir gegenwärtig oder nicht?«

Wenn das nämlich nicht so ist, gibt es mit Sicherheit welche, die sagen: »Komm' schon, warum praktizierst du nicht selbst vollkommene Reinheit beim Handeln und beim Reden?«

Und noch einmal, wer andere ermahnen will, sollte zunächst so nachdenken: »Habe ich mich selbst von Übelwollen befreit und Liebe für andere entwickelt? Ist diese Eigenschaft in mir gegenwärtig oder nicht?«

Wenn das nämlich nicht so ist, gibt es mit Sicherheit welche, die sagen: »Komm' schon, warum praktizierst du nicht selbst grenzenlose Liebe?«

Anguttara Nikaya

Wer immer am Morgen, mittags, abends und nachts Rechtschaffenheit übt, für den werden der Morgen, der Mittag, der Abend und die Nacht glücklich sein.

Anguttara Nikaya

Wenn dich jemand beschimpft, schlägt, mit Steinen bewirft, mit einem Stock oder einem Schwert angreift, solltest du alle weltlichen Begierden und Überlegungen ablegen und denken: »Mein Herz soll nicht erschüttert werden. Ich werde kein böses Wort sagen. Ich werde keinen Groll in mir aufsteigen lassen, sondern für alle Wesen Wohlwollen und Mitgefühl aufrecht erhalten.« So solltest du denken.

Majjhima Nikaya

Der Bauer leitet Wasser auf sein Feld,
der Pfeilmacher schnitzt seine Pfeile,
der Zimmermann bearbeitet sein Holz,
und der Weise bezähmt seinen Geist.

Dhammapada, Vers 80

Der Buddha fragte Anuruddha, wie es ihm gelinge, mit seinen Mitmönchen in Harmonie zu leben, und er erwiderte: »Ich untersuche immer, welch ein Segen, welch wirklicher Segen es ist, dass ich mit solchen Gefährten das spirituelle Leben führen kann. Ich denke, spreche und handele mit Liebe ihnen gegenüber, sowohl öffentlich als auch privat. Ich achte immer darauf, meine eigenen Wünsche zurückzustellen und das zu berücksichtigen, was sie wollen, und es dann zu tun. So sind wir körperlich viele, aber nur ein Geist.

Majjhima Nikaya

Konflikt als Gefahr und Harmonie als Frieden zu erkennen und verweilen in Einheit und Herzensgüte. Das ist die Lehre der Buddhas.

Cariyapitaka

Vier Arten von Menschen gibt es auf der Welt: Welche vier? Solche, die sich weder um das eigene Wohl, noch um das anderer kümmern, solche, die sich um das Wohl der anderen, aber nicht um das eigene kümmern, solche, die sich um das eigene Wohl, aber nicht um das der anderen kümmern und solche, die sich sowohl um das eigene als auch um das Wohl anderer kümmern … Von diesen vier Arten sind jene, die sich sowohl um das eigene Wohl als auch um das der anderen kümmern, die Wichtigsten, die Höchsten, die Obersten, die Besten.

Anguttara Nikaya

Wenn du zu Buddha, Dhamma und Sangha Zuflucht nimmst, wirst du frei sein von Angst und Zittern.

Samyutta Nikaya

Mit Sanftheit überwinde den Ärger.
Mit Güte überwinde den Hass.
Mit Großzügigkeit überwinde die Selbstsucht.
Mit Wahrhaftigkeit überwinde die Lüge.

Dhammapada, Vers 223

Es gibt sechs Dinge, die Liebe und Respekt, Hilfsbereitschaft und Einvernehmen, Harmonie und Einigkeit fördern. Welche sechs? Wenn jemand gegenüber seinen Gefährten im spirituellen Leben sowohl öffentlich als auch privat in Liebe handelt.

Wenn jemand sowohl öffentlich als auch privat mit Liebe zu ihnen spricht; wenn jemand sowohl öffentlich als auch privat in Liebe an sie denkt; wenn jemand alles Erworbene gerecht und bedenkenlos mit anderen teilt, selbst wenn es nicht mehr ist als das Essen aus der eigenen Bettelschale.

Wenn jemand mit anderen zusammen Tugenden hat, die vollständig und beständig sind, die Freiheit gewähren, die von den Weisen gelobt werden und die Konzentration begünstigen; wenn jemand mit seinen Gefährten im heiligen Leben sowohl öffentlich als auch privat das Verständnis davon hat, was edel ist, was zur Freiheit führt und was dem vollständigen Auflösen des Leidens dienlich ist; dann gibt es da Liebe und Respekt, Hilfsbereitschaft und Einvernehmen, Harmonie und Einigkeit.

Majjhima Nikaya

Wer den edlen Dhamma liebt, in Worten, Gedanken und Handlungen rein ist, immer friedvoll, liebenswürdig, konzentriert und gelassen ist, schreitet durch die Welt auf rechte Weise voran.

Jataka

Wessen Gedanken, Worte und Handlungen gut sind, ist sein eigener bester Freund. Auch wenn sie sagen, dass sie sich nicht gut um sich selbst kümmern, sind sie dennoch ihr bester Freund. Und warum? Weil sie für sich das tun, was ein Freund für sie täte.

Samyutta Nikaya

Unterschätze nicht dein gutes Handeln,
und denke nicht: »Das hat ja keine Folgen für mich!«
Tropfen um Tropfen füllt sich ein Krug,
und ebenso füllt sich randvoll mit Gutem der Weise.

Dhammapada, Vers 122

Zu jener Zeit litt ein Mönch an der Ruhr und lag nach einem Kollaps in seinen eigenen Exkrementen. Als der Erhabene und Ananda die Mönchshütten besuchten, fanden sie den Kranken und der Erhabene fragte ihn: »Was fehlt dir, Mönch?«

»Ich habe die Ruhr, Herr.«

»Gibt es niemanden, der dich pflegt?

»Nein, Herr.«

»Warum schauen die anderen Mönche nicht nach dir?«

»Weil ich für sie nutzlos bin.«

Darauf bat der Erhabene Ananda: »Geh' Wasser holen, damit wir diesen Mönch waschen können.« Da brachte Ananda Wasser, und der Erhabene goss es über den Mönch, während Ananda ihn am ganzen Körper wusch. Dann hoben sie den Mönch auf und trugen ihn in ein Bett. Später rief der Erhabene die Mönche zusammen und fragte sie: »Warum habt ihr euch nicht um diesen kranken Mönch gekümmert?«

»Weil er nutzlos ist für uns.«

»Ihr habt weder Mutter noch Vater, ihr Mönche, die sich um euch kümmern. Wenn ihr nicht gegenseitig aufeinander schaut, wer sonst sollte das für euch tun? Wer mich pflegen würde, soll auch die Kranken pflegen.«

Vinaya

Die Gabe der Wahrheit übertrifft alle anderen Gaben.

Dhammapada, Vers 354

Es ist gut, von Zeit zu Zeit über seine eigenen Fehler nachzudenken. Es ist gut, von Zeit zu Zeit über die Fehler anderer nachzudenken. Es ist gut, von Zeit zu Zeit über seine eigenen Tugenden nachzudenken. Es ist gut, von Zeit zu Zeit über die Tugenden anderer nachzudenken.

Anguttara Nikaya

Wer viel Gutes denkt und tut, der wird darüber
Freude empfinden, in dieser Welt wie in der nächsten;
Er wird Freude empfinden und beglückt sein,
wenn er die Reinheit seines Tuns erkennt.

Dhammapada, Vers 16

Gib das Unrechte auf. Es ist möglich. Wäre es unmöglich, würde ich dich nicht darum bitten. Aber es ist dir möglich und daher sage ich: »Gib das Unrechte auf.« Würde das Aufgeben des Unrechten dich in den Untergang und ins Unglück stürzen, würde ich dich nicht darum bitten. Es wird dir aber zu Wohlergehen und Glück verhelfen und daher sage ich: »Gib das Unrechte auf.« Fördere das Gute. Es ist möglich. Wäre es unmöglich, würde ich dich nicht darum bitten. Aber es ist dir möglich und daher sage ich: »Fördere das Gute.« Würde die Förderung des Guten dich in den Untergang und ins Unglück stürzen, würde ich dich nicht darum bitten. Es wird aber dein Wohlergehen und dein Glück vergrößern und daher sage ich: »Fördere das Gute.«

Anguttara Nikaya

Alle Wesen zittern vor der Gewalt,
alle Wesen lieben das Leben;
sieh dich selbst in anderen,
und töte nicht, verletze nicht.

Dhammapada, Vers 130

Die Friedvollen, Gestillten leuchten schon von Weitem,
wie die Schneeberge der Himalajas,
doch die Ungestillten gleichen
unsichtbaren Pfeilen in der Nacht.

Dhammapada, Vers 304

Der Erhabene sprach: »Wie denkst du darüber? Welchen Zweck hat ein Spiegel?« »Er dient der Reflexion«, antwortete Rahula. Da sagte der Erhabene: »Ebenso sollten Aktivitäten durch Körper, Rede oder Gedanken erst nach sorgfältiger Überlegung erfolgen.«

Majjhima Nikaya

Beugst du dich wie ein Bogen und bist so biegsam wie Bambus, dann bist du nicht mit irgendjemandem uneins.

Jataka

Genauso wie der Fluss Ganges in Strömung, Gefälle und Ausrichtung hin zum Osten fließt, so fließt, wer den Edlen Achtfachen Pfad pflegt und entfaltet, in Strömung, Gefälle und Ausrichtung hin zum Nirvana.

Sutta Nipata

»Sieh, wie er mich beschimpft und geschlagen hat,
wie er mich niedergeworfen hat und beraubt.«
Halte solche Gedanken fest,
und dein Hass kommt nie zur Ruhe.

»Sieh, wie er mich beschimpft und geschlagen hat,
wie er mich niedergeworfen hat und beraubt.«
Lass solche Gedanken los,
und dein Hass kommt bald zur Ruhe.

Noch nie in dieser Welt
hat Hass gestillt den Hass.
Nur liebende Güte stillt den Hass.
Dies ist ein ewiges Gesetz.

Dhammapada, Verse 3-5

Für die Tugendhaften ist jeder Tag besonders, für sie ist jeder Tag ein heiliger Tag.

Majjhima Nikaya

Aber wenn du aufrichtig lebst,
friedvoll, selbst bezähmt und sittlich,
wenn du keinem Wesen mehr ein Leid zufügst,
so wirst du, selbst in reichen Kleidern,
als ein Brahmane, Samane, Bhikkhu gelten.

Dhammapada, Vers 142

Sei kein Richter für andere, verurteile andere nicht. Wer auch immer andere verurteilt, gräbt sich selbst eine Grube.

Anguttara Nikaya

Die Deutsche Buddhistische Union

ist traditionsübergreifender Dachverband buddhistischer Gemeinschaften in Deutschland. Die wichtigsten Ziele und Aktivitäten der DBU lassen sich in den folgenden Punkten zusammenfassen:

- die Entwicklung eines authentischen Buddhismus im Westen zu unterstützen und ihn in zeitgemäßer Weise zu vermitteln;
- einen einheitlichen Rahmen für Buddhisten unterschiedlicher Traditionen in Deutschland für gemeinsame Aktivitäten, Begegnung und Austausch zu schaffen;
- durch Öffentlichkeitsarbeit, Schriften, Veranstaltungen, Seminare und Informationsmaterial den Buddhismus in Deutschland darzustellen;
- den buddhistischen Grundsatz von Mitgefühl und Vernetztheit aller Lebewesen durch soziales und gesellschaftliches Engagement in Projekten praktisch umzusetzen;
- Partner für den interdisziplinären und interreligiösen Dialog in unserer Gesellschaft zu sein;
- neutrale Auskunftsstelle zum Buddhismus zu sein.

Buddhismus aktuell

Viermal im Jahr erscheint die Zeitschrift Buddhismus *aktuell*. Sie informiert in ansprechender Weise über alle Traditionen und Übungswege. Jede Ausgabe ist einem Schwerpunktthema gewidmet. In Buddhismus *aktuell* wird außerdem über regionale, nationale und internationale Ereignisse berichtet, werden Lesetipps gegeben und außerdem über wichtige Aktivitäten der Mitgliedsgemeinschaften informiert.

Informationsstelle für Buddhismus in Deutschland

Die Geschäftsstelle in München ist die zentrale Kontaktstelle für den Buddhismus in Deutschland. Sie fungiert als neutrale Auskunfts- und Anlaufstelle für Suchende sowie für Medien und Öffentlichkeit und unterstützt die Arbeit des Vorstandes und Rates der Deutschen Buddhistischen Union.

Veranstaltungen und Kongresse

Jedes Jahr finden größere bundesweite Veranstaltungen statt – jeweils unter einem Schwerpunktthema. Mit Vorträgen, gemeinsamen Meditationen, Workshops, Podiumsdiskussionen, Informationsständen und kulturellen Beiträgen geben die verschiedenen Traditionen allen Interessierten einen Einblick in die Vielfalt der buddhistischen Aktivitäten in Deutschland. Von besonderer Bedeutung ist das gemeinsame Vesakh-Fest, zur Erinnerung an die Geburt, das Erwachen und die vollständige Befreiung des Buddha.

Dana – Spende

Die vielseitigen Aktivitäten der DBU können nur durch großzügige finanzielle Unterstützung umgesetzt werden. Die Spenden ermöglichen es, das die Ziele der DBU erreicht und das Engagement ausgebaut werden kann.

Dieses Buch wird nicht verkauft, sondern auf Spendenbasis – Dana – abgegeben. Um dieses und weitere Buchprojekte der DBU zu unterstützen und insbesondere den Druck zu finanzieren, ist die DBU auf Spenden und großzügige Unterstützung angewiesen.

Die Praxis der Großzügigkeit und des Gebens ist in den Lehren des Buddha ein wichtiger Bestandteil der inneren Entwicklung. Deshalb hat der Buddha immer wieder darüber gesprochen und Großzügigkeit als erste der Vollkommenheiten erwähnt, die es zu entfalten gilt auf dem Weg.

Spendenkonto der DBU

Münchner Bank eG

Kontonummer 182 99 04 • BLZ 701 900 00

IBAN DE30 7019 0000 0001 8299 04 • BIC GENODEF1M01

Kontakt

DBU Geschäftsstelle
Amalienstr. 71
80799 München
Tel. +49 – (0) 89 – 45 20 69 30
Fax +49 – (0) 89 – 45 20 69 329
E-Mail: dbu@dharma.de

www.buddhismus-deutschland.de
www.buddhismus-kongress.de
www.buddhismus-vesakh.de
www.buddhismus-soziales.de
www.buddhismus-studium.de
www.buddhismus-aktuell.de